ビジネス中国語
文書と会話

東錦華・李 雲 著

白帝社

第1部 ビジネスレター

- ビジネスレターの基本
- あいさつ状
- 通知状
- 申込み、注文に関する文書
- 照会の文書
- 依頼の文書
- 抗議、弁解、説明の文書
- 感謝、祝賀の文書
- 悔やみ状

第2部 ビジネス会話

- 電話
- 中国の現地で
- 相手の自宅に電話をかける
- あいさつ、紹介、案内、宴会
- 価格交渉
- 電話による飛び込み営業
- 打合せ
- 支払い方法
- 保険
- ある抗議文
- 日本語からひくビジネスレター常用表現
- 日本語からひくビジネス会話常用表現
- 中国主要都市の市外局番・郵便番号
- 中国関連ホームページ

前書

　日中両国は、国交回復以来、政治、文化の面のみならず、経済の面でも着実に交流を深めてきた。1972年の日中間の貿易額は、輸出入を合わせても11億ドルに過ぎなかった。が、現在ではその合計額は570億ドル（1998年、大蔵省統計）にも達しており、当時の50倍以上にもなっている。特に1997年7月1日の香港返還により、日本は中国にとって、今やアメリカにつぐ第2位の貿易相手国となったのである。

　今日、ビジネスマンが中国側とコミュニケーションを取る際、最も重要なことは、いかに迅速、端的かつ効率的に行うかということである。勿論、日本語と中国語のビジネス用語で、似ているものもあるが、異なっているもの、あるいは似て非なるものもかなりある。ことに、中国側の思考、交渉の手法と日本側のそれとは、相当違っており、場合によっては、トラブルが起きることもあり得る。したがって、的確かつ簡潔に自分の意思を相手側に伝達することはなんとしても不可欠なことである。

　本書は、こうしたことを前提に、現代ビジネスマンの業務に不可欠な会話や文書作成において、考え得る多様なケースの文例から構成されている。読者が実際に会話をし、文書を作成する上で、本書の「文例」を基本とし、その時々の必要に応じてアレンジし、応用していただければ幸いである。

　なお、ビジネスレター編のうちで、定型的な文書については、アレンジがしやすいよう置き換え箇所に下線を施した。

　ただし、本書の日本語と中国語の文例は、文化、ビジネス習慣、言語環境等を考慮し、実際の応用に即した訳を施している。よって、必ずしも逐語訳ではないことをご理解いただければ、と思う。

本書の執筆、出版にあたり、白帝社の山内氏と岸本氏より貴重なご指導をいただいた。心より深く感謝の意を表したい。

著　者

目 次

前書 ·· 5

第1部　ビジネスレター

第1章　ビジネスレターの基本
1. ビジネスにおける日中の言葉の相違点 ························ 16
2. 中国語ビジネスレターの書き方 ······························ 17
   1) 文章は横書きである ··································· 17
   2) 文章は口語体で書く ··································· 17
3. 書式 ·· 18
4. 中国語ビジネスレターは難しくない ························· 24

第2章　実例文書
1. **あいさつ状（问候）** ······································ 26
   1) 表敬のあいさつ（表示敬意的问候） ····················· 26
   2) 久しぶりのあいさつ（久未通信后的问候） ··············· 28
2. **通知状（通知）** ·· 30
   1) 出荷通知（出货通知） ································· 30
   2) 電話番号変更通知（电话号码变更通知） ················· 32
   3) 担当者変更通知（人事変动通知） ······················· 32
   4) 着荷品数量不足通知（到货数量不足通知） ··············· 34
   5) 着荷通知（到货通知） ································· 36
   6) 出荷遅延通知（发货延期通知） ························· 38
   7) 品切れの通知（缺货通知） ····························· 40
   8) 入荷通知（进货通知） ································· 42

7

  9）送金通知（汇款通知）·················· 44
  10）着金通知（收到汇款通知）·················· 46
  11）支払い日変更通知（支付日变更通知）·················· 48
  12）値上げ通知（调整价格通知）·················· 50
  13）値下げ通知（调整价格通知）·················· 52
  14）休業日変更通知（休息日变更通知）·················· 54
  15）臨時休業通知（临时停业的通知）·················· 56
3. 申込み、注文に関する文書·················· 58
  1）新規取引の申込み（希望建立业务关系的请求）·················· 58
  2）一般的な注文（订货通知）·················· 60
  3）カタログによる注文（根据产品目录订货）·················· 64
  4）条件を設定した注文（设定条件的订货）·················· 66
4. 照会の文書·················· 68
  1）商品発送の照会（发货照会）·················· 68
  2）発送品着否の照会（到货确认照会）·················· 68
  3）商品未着の照会（货物未到照会）·················· 70
  4）商品情報の照会（商品信息照会）·················· 72
  5）在庫の照会（库存照会）·················· 74
5. 依頼の文書（要求与委托）·················· 76
  1）見積り依頼（要求报价）·················· 76
  2）出荷依頼（要求交货）·················· 78
  3）フライト確認の依頼（委托确认航班）·················· 80
  4）価格確認の依頼（要求确认价格）·················· 82
  5）テスト条件確認の依頼（要求确认测试条件）·················· 84
  6）製品カタログの請求（索取产品目录）·················· 84
6. 抗議、弁解、説明の文書（抗议、辩解、说明）·················· 86
  1）不良品納入に対する抗議（对进货中混有次品提出抗议）·················· 86
  2）材料変更についての弁解（对材料变更进行解释）·················· 88

3）サンプル不良への説明（对不良样品的说明） ················· 90
　7. 感謝、祝賀の文書（感谢信及祝贺信） ······················· 92
　　　1）お世話になったお礼（对承蒙照顾致谢） ··················· 92
　　　2）電話へのお礼（对来电表示感谢） ························· 92
　　　3）展示会出展へのお礼（对参加展览会的感谢） ··············· 94
　　　4）工場視察後の礼状（参观工厂后的感谢信） ················· 96
　　　5）新年のあいさつ（新年的祝贺） ··························· 96
　8. 悔やみ状（吊唁信） ······································· 98
　　　取引先課長逝去へのお悔やみ（对客户科长的逝世表示哀悼） ····· 98

第2部　ビジネス会話

1. 電話（电话） ·· 102
　1. オフィス（办公室） ······································ 102
　　　1）相手の会社にかける（打给对方公司） ···················· 102
　　　2）相手が不在の場合（对方不在时） ························ 104
　　　3）折り返し連絡を希望する（请求对方回电） ················ 104
　　　4）用件を伝えてもらう（请求转达要件） ···················· 106
　2. 内線につないでもらう（转内线） ·························· 108
　　　1）本人が在社の場合（对方在的时候） ······················ 108
　　　2）本人が不在の場合（对方不在的时候） ···················· 108
　3. 相手が電話中の場合（对方正在接电话的时候） ················ 110
　4. FAXナンバーを尋ねる（寻问传真号码） ······················ 110
　5. FAXが送信できない場合（传真发不出去时） ·················· 112
2. 中国の現地で（在中国） ···································· 114
　1. 交通機関の予約（预定交通工具） ·························· 114
　　　関連用語 ·· 116
　2. ホテルの予約（预订宾馆） ································ 118

9

3. 相手の自宅に電話をかける（打到対方家里） ……………………… 120
   1. 親しい間柄（关系亲密） ……………………………………………… 120
   2. 親しい間柄ではない場合（关系一般） …………………………… 122
4. あいさつ、紹介、案内、宴会（问候、介绍、陪同、宴会） ……… 124
   1. 初対面の人に（初次見面） ………………………………………… 124
   2. 見覚えのある人に（曾经見到过的人） …………………………… 126
   3. 知り合いに（熟人） ………………………………………………… 128
   4. 歓迎会（欢迎会） …………………………………………………… 130
   5. 工場見学（参观工厂） ……………………………………………… 132
   6. 宴会（宴会） ………………………………………………………… 134
5. 価格交渉（谈价格） ……………………………………………………… 138
6. 電話による飛び込み営業（电话推销） ………………………………… 142
7. 打合せ（业务会谈） ……………………………………………………… 146
   1. 船積み（装船） ……………………………………………………… 146
   2. 契約（订合同） ……………………………………………………… 150
   3. クレーム（索赔） …………………………………………………… 154
   4. 包装（包装） ………………………………………………………… 158
8. 支払い方法（支付方式） ………………………………………………… 162
9. 保険（保険） ……………………………………………………………… 166
付録 ある抗議文（一份抗议信） …………………………………………… 170
   日本語からひくビジネスレター常用表現 ………………………………… 172
   日本語からひくビジネス会話常用表現 …………………………………… 176
   中国主要都市の市外局番・郵便番号 ……………………………………… 179
   中国関連ホームページ ……………………………………………………… 183

豆知識

1. 中国の企業の所有形態 ……………………………………………………… 106
2. 中国の住宅事情 ……………………………………………………………… 112
3. 中国の交通事情 ……………………………………………………………… 122
4. 中国の水不足問題 …………………………………………………………… 126
5. 中国にも労働組合がある …………………………………………………… 130
6. 中国の長寿番づけ …………………………………………………………… 132
7. 中国の治安問題─ニセ警官要注意 ………………………………………… 136
8. 中国駐在における留意点 …………………………………………………… 140
9. 中国のリストラ ……………………………………………………………… 148
10. 中国の教育制度 ……………………………………………………………… 152
11. 中国の安全規格認可制度 …………………………………………………… 156
12. 中国との合弁企業の経営期限 ……………………………………………… 160
13. 一人っ子政策の産物─肥満児の急増 ……………………………………… 164
14. 中国で人民元を外貨に交換するには ……………………………………… 168

第1部

ビジネスレター

第1章

ビジネスレターの基本

ビジネスレターの基本

1．ビジネスにおける日中の言葉の相違点

　まず、中国語には「ビジネス」にぴったり合う言葉は（従来の語いにせよ、最新の外来語にせよ）、存在しない。「ビジネス」の訳語にしばしば"商務"が用いられる。しかし、その訳にはビジネスという言葉本来の味が出ていない。

　「ビジネス」には"商務"の意味も勿論あるが、それ以外に、仕事そのものに関する価値観、マナー、態度なども含まれている。よく「プライベートはプライベート、ビジネスはビジネス」という言葉を耳にするが、それは単に仕事上のことをいっているのではない。仕事そのものに対する一仕事人としての取るべき態度、その情熱をも表しているのである。また公私混同せず仕事に取り組むということの意志表示でもある。

　「ビジネス」にぴったり合う中国語が今のところ見当たらないのは、単なる言葉だけの問題ではないからである。仕事そのものに対する感じ方、考え方、受け取り方の違い、つまり文化の違いがそこにはあるのである。中国語の「ビジネス」の対応用語は、"商務"よりむしろ"做生意""談生意""生意経"としたほうが、もっとビジネスの意味に近いのではないだろうか。

　また、日本語と中国語で同じ言葉を使っていても、意味が異なったり、あるいは意味がずれてしまうケースも多い。その場合やはり、単語本来の意味を理解し、中国の実情に合わせて中国語に訳したほうが良いと思う。典型的な例を挙げよう。「経理」という言葉は、確かに中国でも会計事務の意味は表している。しかし現在では、ほとんど会計の意味を表さず、主に「支配人」の意味で使用されているのである。他に「取締役」、「相談役」、「裁判所」などは、そのまま使用すると意味不明になるので、それぞれ、"董事"、"顧問"、"法院"などに直さなければならない。

さらにビジネス用語となると、一般的に中国語の方が簡潔明瞭であり、あいまいな言葉を使わないのがルールである。したがって言葉そのものもズバリと言うのが好まれる。「引合い」という言葉を例にとってみよう。辞書には「売買の取引、また取引前に取引条件などを問合わせる」とあり、買いオッファーか売りオッファーかがあいまいである。それに対し、中国語ではそれぞれ"报价"、"询价"と使い分けている。すなわち、価格を報じる、価格を尋ねるとなり、日本語より明確である。

2．中国語ビジネスレターの書き方
1）文章は横書きである
　昔の中国の文章は縦書きがほとんどであったが、現在の中国大陸では、100％近くが横書きである。特にビジネスレターの場合、数字、アルファベットが頻繁に登場するので、書きやすさ、読みやすさなど、能率の面からいっても、横書きのほうが断然便利と言えよう。台湾、香港では、まだ一部の書籍、新聞、雑誌などには縦書きが見られるが、ことビジネスレターとなると、やはり横書きが主流となっている。

　ご承知のように、横書きには
　①書いた文字の上をこすらないですむ、
　②書いた文章を読み返しながら書き進めるのに都合が良い、
　③数字をアラビア数字で書くため、明確に示せる、
　④文書整理に便利である、
などの利点を有しているので、ビジネスレターはやはり横書きするのが当然であろう。

2）文章は口語体で書く
　ビジネスレターを書く際、一定の形式は必要である。だが、もっとも大切なのは、目的とする内容を明確にあますところなく相手に伝達することである。したがって、要点のみを簡潔に表現することが求められる。長文

より短文、かしこまった文章より平易で分かりやすい文章が望まれる。つまり
　①平易
　②簡潔
　③明確
　④建設的
　⑤丁重
の5点に尽きる。

3．書式

　前述したように、中国語ビジネスレターを書くには、形式にとらわれず、口語体で用件を分かりやすく、簡潔に書けば良いものである。具体的に言えば、
　①儀礼的な文書でも、ワープロやパソコンを使って差し支えない。
　②押印の必要はないが、自筆の署名が必要である。
　③文書における忌詞・タブーなどはないか、とよく聞かれるが、ビジネス文章に特にこれといった決まりはない。常識範囲内で書けば、まず問題はなかろう。

次に実際の手紙を例に、書式を見てみよう。

例：

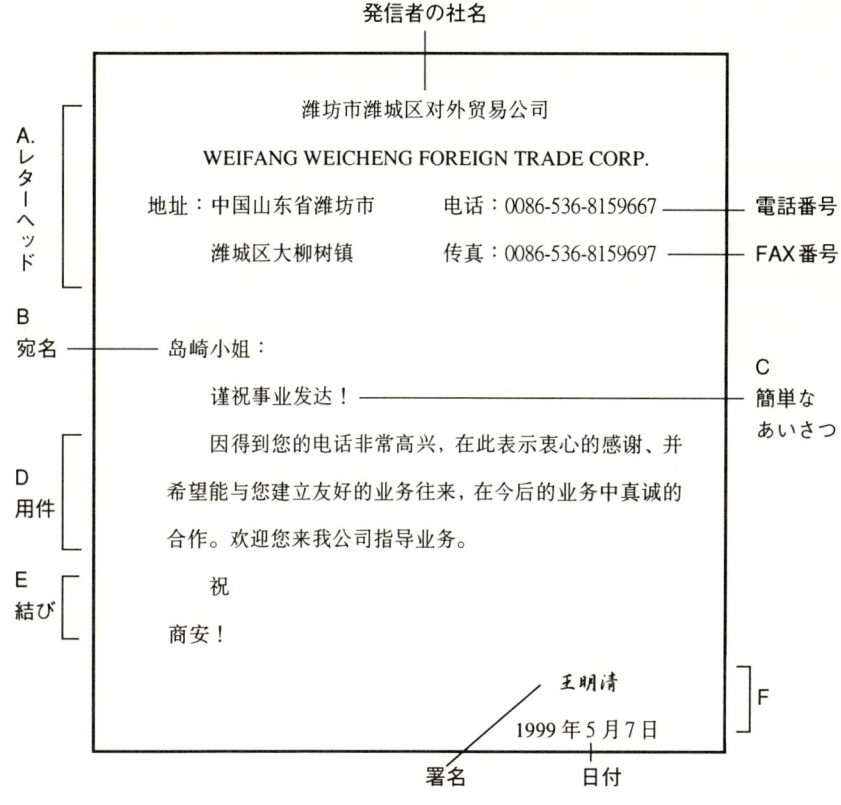

（訳）島崎様

　貴社益々のご発展を心よりお慶び申し上げます。
　さて、お電話をいただき、たいへん嬉しく思い、厚く御礼申し上げます。これにより、貴社と業務関係を結び、今後いっそうのご協力ができるよう期待しております。どうか、弊社へ技術指導にお越しくださいませ。
　商売繁昌を祈念致します。

1999年5月7日
王明清

A　レターヘッドには、発信者の社名、住所、電話番号、FAX番号が記入されている。なお、返信とのちほどの分類を考えると、便箋の右上に文書番号を入れた方が良い場合もある。

B　宛名には、社名と担当部署名、そして担当者名が記入される。男性は"××先生"、女性の場合は"××女士、××小姐"、を使うのが一般的である。勿論、"先生、小姐"のかわりに、"××所長""××局長""××経理"のように、肩書を入れた方が良い場合もある。ただし、役職名の使用は日本ほど頻繁ではないし、地位の高い人に限るという傾向がある。また、担当者に専用FAXがある場合、上記例文のように、社名、部署名を書かないケースも現在増えている。

日中役職一覧	
日	中
オーナ　経営者	老板
代表取締役会長	董事长
代表取締役社長	董事総経理
（取締役）副社長	（董事）副総経理
（取締役）専務	なし
（取締役）常務	なし
取締役	董事
社長室室長	総経理办公室主任
（取締役）技術（／営業）本部長	部門総経理
副本部長	部門副総経理
工場長	厂长
事業所長	工厂総负责人
部長（エキスパート／参与）	部門経理
部長代理	なし

次長	なし
課長（CSエキスパート／参事）	科长
課長代理	副科长
課長補佐	なし
係長	股长[注①]
主任	主任[注②]

注① 現在ほとんど使われていない。
注② 同じ「主任」でも、中国の"主任"は実際は一部門の責任者であり、必ずしも日本の「主任」とは一致しない。
注③ 中国の国有企業には、中国独特のシステム、即ち中国共産党組織があり、「党委書記」（党委书记）或いは「党支部書記」（党支部书记）を設けている。

C　簡単なあいさつとして、一般的によく使われているのは、
　　您好　敬启（拝啓）
　　你好　不知近况如何？（その後如何でしょうか）
などがある。また次のように季節用語を兼ねるものもある。
　　新年好（あけまして、おめでとうございます）
　　春节好（同上。旧正月の時に使う）
　　新年快乐（ハッピーニューイヤー）
　　圣诞快乐（メリークリスマス）
　一方、あいさつが省略されて、いきなり本題に入るレターもよく見かける。

D　用件はあいさつの一行下、あいさつが省略された場合、宛名の一行下、2マス空けて書き始める。また、"关于××事宜"、あるいは"关于××事由"という書き方も用件の始めによく用いられるが、日本語の「さて、

××の件について」の形式と対応するものと、覚えておけば、非常に便利である。

E 本文のあと、行を改め、末尾語として入れる言葉には、次のようなものがある。

请速函为盼（ご返事をお待ちしております）
祝健康（ご健康をお祈りします）
祝商祺（商売繁昌をお祈りします）
即颂夏安（お元気で。夏の季節に使う結び）
即颂秋安（お元気で。秋の季節に使う結び）
专此函达（取急ぎご用件まで）
专此函告（同上）
特此函达（用件のみご連絡まで）
特此函告（用件のみお知らせかたがた）
草草
敬上（敬具）

　ここで普段よく使われているビジネス文書の表現の例を、参考としていくつか挙げよう。

请～为盼（どうぞ～お願い申し上げます）
敬请～为盼（より丁寧な言い方。謹んで～お願い申し上げます）
望（希望）～为盼（～のことを期待しております、希望しております）
对～表示谢意（歉意）（～に対して感謝（お詫び）を申し上げます）
敬请多多指教为盼（ご指導のほどよろしくお願い致します）
请将收据寄回我处为盼（受領書をご返送くださいますよう、よろしくお願い致します）
请尽早吩咐为盼（できるだけお早めにご用命くださいますようお願い申し上げます）

敬请谅解，包函为盼（ご諒承くださいますようお願い申し上げます）

敬请继续与我们合作为盼（引続きご協力くださいますようお願い申し上げます）

敬请贵公司给予大力协助为盼（ご支援を賜りますよう、よろしくお願い致します）

敬请配合为盼（ご協力くださいますようお願い致します）

请给予考虑为盼（ご検討くださいますようお願い申し上げます）

请了解查实为盼（ご調査くださいますようお願い致します）

请速办理为盼（至急お手配のほどよろしくお願い致します）

请予以联系为盼（ご連絡くださいますようお願い致します）

请告知何时进货为盼（入荷の予定についてお知らせいただければ幸いです）

请速将价格报给我方为盼（至急お見積りをお送りくださいますようお願い申し上げます）

请给予确认回复为盼（ご確認後ご返事くださいますようよろしくお願い致します）

希望本公司的产品能继续为贵公司效力（当社の製品を引続きお引き立てくださいますよう、お願い申し上げます）

望能及时安排为盼（早急にお手配のほどよろしくお願い申し上げます）

望立即调查、处理，并作出应有的答复（調査、善処の上、しかるべきご回答をくださるようお願い致します）

对贵公司使用本公司产品深表谢意（当社製品に格別なご愛顧を賜り、厚くお礼を申し上げます）

衷心感谢贵方的照顾和帮助（ご配慮とご協力をいただき、心より感謝致します）

再次对您的协助表示感谢（ご協力に対して重ねて感謝の意を申し上げます）

对无法满足贵方的要求深表歉意（お申込みにお応えできず、誠に申

訳ございません）
対我方給貴公司造成的不便深表歉意（ご迷惑をおかけしまして、誠に申し訳ございません）
対発生了次品一事深表歉意（不良品が発生したことを深くお詫び申し上げます）

　しかし、日本語と違って、冒頭の言葉と結びの言葉の対応関係は必ずしも厳密ではないのである。冒頭に"敬啓"などを使って、結びはただ"謝謝"だけでもけっこうである。冒頭のみ、あるいは結びのみでも、一向に差し支えはない。
　なお、追伸の場合は、"又及"と書き、内容をそのまま書き続ける。

F　発信者署名と日付は、普通手紙の最後に書くが、専用FAX用紙の場合、レターヘッドに組み入れられることもある。本書では、レター形式にウェートを置き、また中国大陸では社用便箋がFAX用紙として広く使われているという現状を踏まえ、発信者署名と日付はすべて文書の最後に入れることにする。

4．中国語ビジネスレターは難しくない

　文書というと、なにか難しくて形式ばっているというイメージがあるかもしれないが、実際のビジネスレターは、上例のように、ほとんどがFAX形式でやりとりされている。現代のような「時は金なり」の時代では、極力早く、手短に相手に意思伝達するのは、当然のことである。フォーマルな手紙形式にこだわる必要は、まったくないと言える。したがって、本書に出ているすべての文例は、そのままFAX用としても使えるようになっている。普段のFAXのつもりで、あなたも中国語ビジネスレターに一度挑戦してみませんか。中国語ビジネスレターは決して難しくない！

第2章

実例文書

1 あいさつ状（问候）

　　日本語の書簡は、冒頭で必ず季節のあいさつをのべる。中国には古くからそのような習慣はあったものの、現在ではほとんど用いられていない。台湾、香港でも同じことが言える。
　　あいさつ文は、相手が初対面である場合が多いため、いかに相手に好印象を与えられるかがポイントになる。まわりくどい言い回しやばか丁寧な言葉を省き、自分の気持を素直に表し、どんな場合でも礼を失わないことが望ましい。

1. 表敬のあいさつ

上海第二電子公司

張明徳社長

　突然お手紙を差し上げ、申し訳ありません。

　先般、弊社の営業部長の小林太郎が御社を訪問致しました節には、ご多忙のところをご面談いただき、誠にありがとうございました。

　近年来、中国では改革開放の政策のもとで、多大な成果を上げてきました。特に電子部品の分野では、飛躍的な進歩を遂げています。この度、張社長が弊社と協力して、日本での市場拡大を目ざすと提案されたこと、誠に光栄に存じます。

　現在貴社と弊社との間には、残念ながらまだ取引関係はございません。弊社としましては、これをご縁に実質的な商談ができ、今後の協力関係の基礎を作り上げることができれば、幸いと存じます。

　ご健康をお祈り申し上げます。

1999年4月6日
株式会社大興電子工業所
専務大垣勇次郎

1. 表示敬意的问候

上海市第二电子公司

张明德总经理：

　　冒昧直接写信给您，敬请原谅。

　　敝公司营业部长小林太郎此次拜访贵公司时，承蒙您在百忙之中抽出时间和他见面，在此表示衷心的感谢。

　　这几年，中国在改革开放中取得了很大的成绩，尤其在电子产品方面有了飞速的进步。此次张总经理提出希望能和弊公司合作，扩大日本市场，敝公司为此深感荣幸。

　　虽然目前双方之间尚无具体的业务来往，但我们希望能和贵公司保持联系，并相信通过这次接触，双方能开展一些实质性的业务，为今后的进一步合作打下基础。

　　敬祝

健康

株式会社大兴电子工业所

专务大垣勇次郎

1999年4月6日

2. 久しぶりのあいさつ

常熟貿易公司輸出入部

温明霞様

　すっかりご無沙汰しており、申し訳ありません。

　時のたつのはほんとうに早いものです。中秋節も過ぎました。長崎と常熟は遠く離れていても、私たちはいつも同じ月をあおいでいるのですね。

　近頃ご出張の予定はおありでしょうか。何かございましたら、是非弊社へご連絡くださいますようお願い申し上げます。私たちの協力が、お互いの友情を深めるものと信じております。

敬具

1998年10月23日

株式会社サンプロジェクト

島崎貞子

【関連表現】

新年おめでとうございます。
　　春节好。
　　新年好。
商売隆昌をお祈りします。
　　恭喜发财。
明けましておめでとうございます。
　　恭喜新年。

2. 久未通信后的问候

常熟贸易公司进出口部
温明霞女士：

　　您好！好久未曾联系，一切可好？

　　时间过得真快，转眼中秋已过。虽然长崎、常熟两地相隔遥远，但我们总是共赏一轮明月的。

　　不知您最近有没有机会来长崎？如果有合作机会的话，请即同敝公司联系。希望藉着我们的合作，更加深彼此之间的友谊。

祝快乐！

株式会社太阳工程
岛崎贞子
1998 年 10 月 23 日

新年のごあいさつを申し上げます。
　　向您拜年。
皆様に新年のごあいさつを申し上げます。
　　向各位拜年。

2 通知状(通知)

　通知とは、お知らせの一種であって、相手側に特に回答を求めない文書である。かと言ってやはり必要なルールは守るべきである。まず数量、日付、場所等を明確に書くこと。それから具体的な事項は、"附××資料"(日本語の別紙、別記にあたる)としてまとめること。そして知らせるべき内容が、相手に分かりやすい様式を工夫することが大切である。
作成のポイント
　(1) 知らせたい事項、特に数字などを具体的に明記する。
　(2) 箇条書きにしたり、記号などを用いたりしても結構である。
　(3) 必要であれば、別紙、別記を添付する。

1. 出荷通知

上海第二電子公司業務部

丁立群様

　拝啓　毎回格別なご愛顧を賜り、厚く御礼申し上げます。

　さて、今月6日付をもって貴社にご注文をいただいた商品は、今朝発送致しました。よろしくご検収のほどお願い申し上げます。

　なお、送り状のコピー1通を添付しますので、よろしくお願い申し上げます。

　以上、用件のみお知らせまで。

敬具

1999年2月25日

株式会社大興電子工業所営業部

山田信二

1. 出货通知

上海第二电子公司业务处

丁立群先生：

　　按你处本月6日的定货单，此货现已于今天早上发你处，请验收。另附寄单拷贝一张供参考。

　　　专此函达

大兴电子工业所营业部

山田信二

1999年2月25日

（"出货"は"发货"とも言う。）

2. 電話番号変更通知

　拝啓　時下益々ご清栄のこととお慶び申し上げます。
　さて、来たる2月15日より弊社海外営業部の電話番号が下記の通り変更することになりますので、お知らせ致します。
　今後とも、倍旧のご愛顧を賜りますようお願い申し上げます。

敬具

記

　　　　新番号　　　　　　　　　旧番号
　　　　03-1234-5678　　　　　　03-8765-4321

以上

1999年2月5日
株式会社日東商事

3. 担当者変更通知

上海第二電子公司業務部御中

　拝啓　貴社益々ご隆盛のこととお慶び申し上げます。
　さて、貴社にお世話になっておりました弊社の佐藤進一は、健康上の理由により、2月28日をもって退職致しました。なにとぞご了承くださいますようお願い申し上げます。
　なお、今後の担当としまして、橋本次郎をお伺いさせます。いろいろとご不便をおかけ致しますが、よろしくお願い申し上げます。
　まずお知らせかたがた、書中をもってお願い申し上げます。

敬具

1999月3月1日
株式会社日東商事

2. 电话号码变更通知

各位先生：

　　敝公司海外营业部的电话号码将于2月15日变更如下，特此通知。
　　今后也务必请多多指教。

祝秋安

记

　　　　　　新号码　　　　　　　　旧号码
　　　　　　03-1234-5678　　　　　03-8765-4321

1999年2月5日
株式会社日东商事

3. 人事变动通知

上海第二电子公司业务处：

　　敝公司负责贵公司业务的佐藤进一，因身体状况欠佳*已于2月28日退职，特此告之。
　　今后，贵公司业务将由桥本次郎担任。新上任，一定会有不少不熟悉之处，敬请多多指教为盼。

即颂春安

1999年3月1日
株式会社日东商事

＊日本と違って、中国では「一身上の都合により」というようなあいまいな言い方は通用しない。必ず何かの理由を書かないと、不必要な誤解を与える恐れがある。

4. 着荷品数量不足通知

商品は着いたが、不良品、破損品があったり、数量違い、物品違いなど、異常な着荷があったりすることがある。特に中国とのビジネスの場合、しばしばそういった事態に遭遇する。その際、できるだけ迅速にその旨を相手側に通知しなければならない。

上海第二電子公司業務部

丁立群様

　拝啓　毎度お引き立てにあずかり、厚く御礼申し上げます。

　さて、2月7日付けにてご発送の品、本日着荷致しました。さっそく検品致しましたところ、500個の内30個が破損しておりました。ケースの一部がつぶれていることから、運送中の取扱い不注意によるものと推察致します。

　つきましては、完全品30個を、至急お送りくださいますようお願い致します。

　なお、破損品は当社において保管しておりますので、追ってご確認ください。

　取急ぎ、ご通知かたがたお願いまで。

敬具

1999年2月20日

株式会社日東商事

大西敏夫

4. 到货数量不足通知

上海第二电子公司业务处

丁立群先生：

　　2月7日运出的货物，今天收到了。我们进行了检验，发现500个之中30个有破损现象。箱子的一部分被挤破了，估计是在运输途中因处理不当而引起的。

　　为此，请尽快再补送30个合格品，以弥补不足之数。

　　另外，30个破损品由我公司暂为保管，以备贵公司查用，专此函告。

株式会社日东商事

大西敏夫

1999年2月20日

5. 着荷通知

商品を受け取ったことを出荷先へ通知する文書で、1の出荷の通知に対応するものである。したがって、記載すべき内容や作成の要領も出荷の通知に準ずることとなる。

上海第二電子公司業務部
丁立群様

　前略　今月6日付けにてご発送の品、本日着荷致しました。さっそく納品書と照合の上検品致しましたが、数量、品質等当方注文通りのものに相違なく、破損等の異常もまったく認められませんでした。いろいろご配慮いただき、ありがとうございます。つきましては物品受領書に押印してご返送申し上げます。

　まずは着荷のご通知まで。

草々

1999年2月12日
株式会社日東商事
大西敏夫

5. 到货通知

上海第二电子公司业务处
丁立群先生：

　　今天收到你方本月6日寄出的货物，经与货单对照，数量、品质等均符合要求，没发现破损等现象，非常感谢。同时附上已盖章之收据。

　　祝好！

株式会社日东商事
大西敏夫
1999年2月12日

（"品质"は"质量"とも言う。）

6. 出荷遅延通知

永安公司購買課

揚敬怡様

　拝啓　貴社益々ご繁栄のこととお慶び申し上げます。

　さて、去る2月10日付けにてご下命いただきました品は、一部の部品が品切れのため、手配に手間取り、入荷が遅れました。このため納品期日が五日ほど遅延致し、誠に申し訳ございません。

　つきましては、本日FedEx(Federal Express)にて発送致しましたので、到着の際は、よろしくご精査の上、お引取りくださるようお願い申し上げます。また、お手数ながら、同封の受領書に押印の上、ご返送いただきますようお願い申し上げます。

　今後は、このようなことのないよう、いっそう注意致しますので、どうか引続きご用命賜りますようお願い申し上げます。

敬具

1999年4月18日

株式会社日東商事

大西敏夫

6. 发货延期通知

永安公司采购科
扬敬怡先生：

　　你好。有关2月10日的定货，因一部分零配件缺货，进货到手费了不少的周折和时间，致使出货日期也相应推迟了五天。对此深感歉意，敬请谅解，包涵为盼。＊

　　今天我们已将货物用Fedex寄往贵处，请验收为盼。并请在收据上盖章后，寄回我方。

　　今后我方将尽全力防止类似此事的再次发生，也请贵方一如既往，继续和我们合作为盼。

　　祝好！

株式会社日东商事

大西敏夫

1999年4月18日

＊日本語訳すると「どうか、御諒承のほどお願い申し上げます」の意になるが、すでに謝っているので、これ以上くどくど書く必要がないため省略される。
　一方、中国語の場合、さらに付け加えて言わなければ、充分な誠意を表していないと思われがちである。ここでも日中の考え方の違いの一端がうかがえる。

7. 品切れの通知

引合いや注文を受けたが、あいにく在庫品がなかったり、品切れとなっている場合に、その旨を通知する文書である。

注文に応じられないこと自体は、事務的、能率的に記すべきであるが、せっかくの注文にすぐ対応できないことについてのお詫びは丁寧に述べるべきである。そして今後の見通しや、取引の継続をお願いする意志を明示することも忘れてはならない。

上海第二電子公司業務部
丁立群様

　拝啓　時下益々ご繁栄のこととお喜び申し上げます。平素は当社製品に格別なご愛顧を賜り、厚く御礼申し上げます。

　さて、この度ご注文をいただいた当社の製品は、誠に申し訳ありませんが、ただ今品切れとなっております。同製品は、なにぶんにも量産に踏み切れない性質のものであり、これまでも少数のご注文に対してはなんとかお応えして参りました。その対策として、来月より逐次増産する予定でありますが……。

　せっかくのお申込みにすぐにお応えできず、誠に申し訳ありませんが、どうかご諒承くださいますようお願い申し上げます。

　なお、今後とも、当社の製品を引続きお引き立てくださいますよう、お願い申し上げます。

敬具

1999年2月5日
株式会社大興電子工業所
営業部　山田信二

7. 缺货通知

上海第二电子公司业务处
丁立群先生：

　　您好。首先对贵公司一直使用本公司产品深表谢意。十分抱歉，因为缺货，此次我们无法满足贵方提出的订货要求。因本产品无法大量生产，故至今为止只能小批量地勉强满足客户的要求。为此，我们计划从下个月起逐渐增加产量。对无法立即满足贵方的要求深表歉意，敬请谅解。并希望今后本公司的产品能为贵公司效力，谢谢。

株式会社大兴电子工业所
营业部 山田信二
1999年2月5日

8. 入荷通知

注文や引合いを受けていた製品が入荷したり、生産できたことを通知し、改めて発注を依頼する旨の文書である。

常熟貿易公司輸出入部
温明霞様

　拝啓　毎度格別のお引立てにあずかり、厚く御礼申し上げます。

　さて、先般お問い合わせくださった××が、本日ようやく入荷致しました。昨年の発売以来、予想を越える好評で、多数のお得意様より引合いをいただいております。ご注文につきましては、できるだけお早めにご下命くださいますようお願い致します。

　なお、今回の入荷品は、品質の面で一部改良を加えておりますが、単価につきましては従来通りとさせていただきます。改良部分の詳細については、同封の新しいカタログをご参照くださり、ご検討のほどお願い申し上げます。

　まずは入荷のお知らせまで。

敬具

　同封書類　カタログ、価格表各1通

以上
1999年3月23日
株式会社日東商事
大西敏夫

8. 进货通知

常熟贸易公司进出口部
温明霞女士：

　　您好。上次来函询问有关××产品之事，现已进货。本产品自去年出售以来，得到了意想不到的好评，并接受了众多用户之订购。如要订购，请尽早吩咐为盼。

　　另外，此次产品在质量上做了进一步的改进，但价格照旧。有关改进部分的详细情况请参阅随信附上的新的说明书，敬请良鉴。

　　专此函达。

　　附：新的说明书及价格表各1份。

株式会社日东商事
大西敏夫
1999年3月23日

9. 送金通知

送金はいくつかの種類がある。国際取引においては、信用状（L/C）、電信送金為替（T/T）などが、特に中国との取引上の主な手段である。送金の旨の通知を速やかに送ることで、相手を安心させることにもなる。

常熟貿易公司輸出入部御中

　拝啓　貴社益々御清栄のこととお慶び申し上げます。

　さて、本日ご指定の<u>香港ハンセンバンク</u>へ送金致しましたので、ご通知申し上げます。つきましては、入金をご確認の上、お手数ながら領収書をご送付くださいますようお願い申し上げます。

　まずは、送金のご通知まで。

敬具

<u>1999年3月5日</u>
株式会社日東商事

9. 汇款通知

常熟贸易公司进出口部：
　　本公司于今天按贵公司指定的方式汇款至香港恒生银行，金额为××美金，请核对。另外，确认之后，请将贵公司收据寄回为盼。谨此通知。
　　顺致秋安

株式会社日东商事
1999年3月5日

10. 着金通知

　　入金のあったことは、領収書を添付して素早く送金側へ知らせるべきである。なお、入金を確認したことと、送金を受けたことに対する謝辞を中心に構成する文章で、誠意とビジネス上の確実さを期すべきである。

常熟貿易公司輸出入部御中

　拝啓　平素は格別のお引立てにあずかり、厚く御礼申し上げます。

　さて、××の代金×××万円を確かに受領致しまして、誠にありがとうございました。つきましては、領収書を同封致しますので、ご査収願います。

　まずは、ご通知かたがたお礼まで。

敬具

同封書類　領収書1通

以上

1999年3月1日
株式会社日東商事

10. 收到汇款通知

常熟贸易公司进出口部：
　　今天收到贵公司××的汇款×××万日元，经核实无异，谢谢。现寄上收据，请验收。
　　特此专函。附收据1张。
　　此致顺安

株式会社日东商事
1999年3月1日

上海証券会社の一隅

11. 支払い日変更通知

■ 毎月定まった支払い日を変更する場合は、支払い日変更通知状を書かなければならない。
定例支払い日の変更の場合は、相手側に迷惑をかけることになるので、丁寧な文面とすべきである。

常熟貿易公司輸出入部御中

　拝啓　平素は格別のご高配を賜り、厚く御礼申し上げます。
　さて、このほど、誠に勝手ながら当社は<u>4月</u>より支払い日を下記の通り変更させていただきます。ご迷惑をおかけしますが、よろしくご協力のほどお願い申し上げます。
　まずは、お知らせかたがたお願いまで。

記

　　　　支払い日　<u>翌月二十日</u>。
　　　　　　　　　<u>但し、休日に当たる場合は翌日</u>。

1999 年 3 月 10 日
株式会社日東商事

11. 支付日変更通知

常熟贸易公司进出口部：

　　平时承蒙多方照顾，十分感谢。*

　　本公司自4月起将更改支付日期。对于我方给贵公司造成的不便深表歉意，敬请协助为盼。

　　支付日期：次月20日。如逢休息日时延至次日。

　　特此专函

株式会社日东商事

1999年3月10日

* 「ビジネスレターの基本」でも指摘したように、中国語のビジネス文書は形式にこだわらず、まったく挨拶無しで文書に入ることも普通である。
　ただ、本文書の場合、支払い日変更というのは、一方的な都合によるものなので、丁寧でへりくだった言葉遣いを使用した方が良いと思われる。

12. 値上げ通知

■ やむを得ず値上げをしなければならなくなった理由や事情を述べ、取引相手の了解、了承を得ることがねらいとなるものである。
　値上げ幅について譲歩する余地のない場合は、海外の取引相手にとっても不必要な誤解を招くことがないように、婉曲な表現をせず、明確にはっきりと言いきるべきである。
　ただし、一方的に高姿勢を示すのではなく、今後のサービスを約束するなどの配慮が必要である。■

永安公司購買課御中
　拝啓　貴社益々ご清栄のこととお喜び申し上げます。
　さて、おかげさまでご好評をいただいております当社製品××については、昨年来の主要な原材料の高騰、加えて諸経費もかさむようになり、従来の価格維持が困難になってまいりました。当社におきましては、あらゆる手段を講じておりましたが、現在の品質を保つためには、不本意ながら次の通り価格改訂のやむなきに至りました。
　つきましては、誠に申し訳ない次第でございますが、来たる3月15日付け納入分から実施させていただきたいと存じます。ご了承の上ご注文賜りますようお願い申し上げます。
　なお、当社といたしましては、今後ともいっそうのサービスに努めさせていただき、より高いご満足を頂けるよう努力致す所存でございますので、よろしくお願い申し上げます。
　まずは、書状をもってお知らせかたがたお願い申し上げます。

敬具

同封書類　新旧価格リスト一通

以上
1999年3月1日
大興電子工業所

12. 调整价格通知

永安公司采购科：

　　首先祝贵公司事业发展，生意兴隆。

　　如同所知，本公司产品××在市场上一直受到消费者的欢迎和好评。但由于去年以来的原材料价格高涨，再加上各种经费的开销，实在难以维持原价。为保证质量，满足市场的需求，特决定调整价格，并于3月15日起实施，敬请谅解。

　　敝公司今后为满足客户要求，将更进一步努力，提高服务质量，也请贵公司继续给予大力协助为盼。

　　附新旧价格表一份

　　专此函达

大兴电子工业所
1999年3月1日

13. 値下げ通知

　値下げを通知する場合は、恩着せがましい文面ではなく、コスト軽減の努力の結果であることを強調すべきである。

永安公司購買課御中

　拝啓　時下益々ご隆盛のこととお慶び申し上げます。

　当社製品につきましては、日頃より格別のご愛顧を頂き、厚く御礼申し上げます。

　さて、従来より全社あげての生産合理化、経費節減等の努力がこのほどようやく実を結び、生産量の拡大、コスト軽減を達成致しました。

　つきましては、平素のご愛顧にお応えいたすべく、全製品について即日より値下げいたすことと決定致しました。

　今後とも、当社製品につきましては、倍旧のご高配、ご支援を賜りますようお願いする次第でございます。

　なお、新価格につきましては、同封致しました新価格表をご参考くださいますようお願い申し上げます。

　取急ぎ、お知らせ申し上げます。

敬具

添付書類　新旧価格リスト1通。

以上
1999年4月1日
大興電子工業所

13. 调整价格通知

永安公司采购科：

　　祝贵公司生意兴隆。

　　承蒙贵公司一直使用本公司产品，深表谢意。

　　本公司经过长期的生产合理化及节约开支的努力，终于取得了扩大生产、降低成本的成果。

　　为此特通知贵公司自即日起，本公司全部产品实行降价，具体价格请见随信附上的新价格表。

　　敬请继续给予协助为盼。

　　特此专函

　　附新旧价格表

大兴电子工业所
1999年4月1日

14. 休業日変更通知

従来の定休日を変更する通知で新しい休業日の通知だけでなく、休業日中の連絡先や緊急用件のある場合の処理方法、平常の営業日と営業時間についても、念のために明記しておくべきである。

常熟貿易公司輸出入部御中

　拝啓　時下益々ご隆盛のこととお慶び申し上げます。

　さて、弊社では、これまで毎週日曜日のみを休日と致してまいりましたが、最近の社会情勢や諸般の事情により、この度、土、日曜日の週休二日制を4月1日付けより採用致すこととなりました。月曜日から金曜日までの営業時間はいままでの通りです。

　なにかとご不便をおかけすることとは存じますが、事情ご賢察の上、ご協力くださいますようお願い申し上げます。

　なお、緊急時のご連絡につきましては、当社当直までお願い申し上げます。

　電話番号：5432-6789

　まずはご通知のかたがたお願いまで。

敬具

1999年3月15日

株式会社サンプロジェクト

14. 休息日变更通知

常熟贸易公司进出口部：
　　本公司至今为止一直定每星期日为休息日。但是为了适应最近形势的发展和需要，决定自4月1日起改为每周休息两天（星期六、日）。星期一至星期五的营业时间照旧。
　　双休可能会给客户带来不便，敬请海涵为盼。
　　另，如有急事，请打电话至值班人员。电话号码：5432-6789
　　此致
顺安

　　　　　　　　　　　　　　　　　　　　　　　株式会社太阳工程
　　　　　　　　　　　　　　　　　　　　　　　　1999年3月15日

15. 臨時休業通知

定休日以外に臨時休業する際は、取引相手に迷惑をかけないように、できるだけ早く通知すべきである。中国語では簡潔明瞭がポイントである。

常熟貿易公司輸出入部御中

　拝啓　毎度格別のご愛顧を賜り厚く御礼申し上げます。
　さて、当社では来たる<u>5月1日より2日までの間</u>、社員旅行のため、休業させていただきますので、よろしくお願い申し上げます。
　なお、当日の配送予定分につきましては、前日中に発送させていただきますので、なにとぞご了承くださいますようお願い申し上げます。
　また、休業日中の緊急のご連絡につきましては、<u>当直社員山口広が1234-5678番</u>にてご用命を承ります。
　まずはお知らせかたがたお願いまで。

敬具

1999年4月10日
株式会社日東商事

【関連表現】

棚おろしのため、休業させていただきます。
　　　因盘货 pánhuò，临时停业。
社員研修のため、休業させていただきます。
　　　因公司组织职工进修 jìnxiū，临时停业。

15. 临时停业的通知

通知状（通知）

常熟贸易公司进出口部：
　　我公司因组织公司职工旅游，决定自下月1日起至2日为止，临时停业两天，特此通知。
　　另外，定于此两日发送的货，将提前发送。敬请谅解为盼。
　　如有急事，请打电话至本公司值班员山口广处，电话号码：1234-5678。
　　此致
顺安

株式会社日东商事
1999年4月10日

8月10日から15日までの間、夏季休暇とさせて頂きます。
　　本公司自8月10日起至15日为止，因夏季休假，临时停业。
内部改装のため、～から～までの間、休業させていただきます。
　　因内部装修 zhuāngxiū，本公司自～起～为止，临时停业。

●ビジネスレター●　57

3 申込み、注文に関する文書

1. 新規取引の申込み

　当方の意思を正確に相手側に伝え、取引を承諾してもらうことが目的である。できるならば、知名度のある有力会社か個人の紹介を得るのも一つの方法である。文書を書く際、自社の実力をピーアールし、相手の会社にとってメリットのあることを強調しよう。また、申込みの趣旨や条件を明示することも必要である。

上海第二電子公司
張明徳社長

　拝啓　時下益々ご盛栄のこととお喜び申し上げます。
　さて、突然のお願いで恐縮ではございますが、弊社とお取引いただきたく、お願い申し上げます。
　弊社は1960年創業以来、川崎市において、電源の製造を行ってまいりました。この度、御地の菱上公司野村一郎社長より貴社をご紹介いただき、是非ともこの機会にお近づきさせていただきたく、書状を差し上げた次第です。
　つきましては、弊社の会社案内その他を同封致しましたので、ご高覧の上、取引条件と合わせてご検討いただき、お取引をお願い申し上げます。
　なお、弊社の信用状況につきましては、××銀行上海支店にお問合わせいただければ幸いです。
　まずは書面をもって、新規お取引のお願いを申し上げます。

敬具

同封書類　会社案内、製品カタログ、価格表各一通

以上

1999年4月23日

株式会社サンプロジェクト

取締役社長　仲井泰夫

1. 希望建立业务关系的请求

上海第二电子公司
张明德总经理：

　　首先祝贵公司日益昌盛，生意兴隆。

　　此次致函，十分突然，实感冒昧，敬请原谅。敝公司自<u>1960年创业以来，一直在川崎市从事生产电源产品</u>的业务，有着良好的信誉。这次承蒙贵地<u>菱上公司总经理野村一郎先生</u>的介绍，得以写信给贵公司，衷心希望能与贵公司建立业务往来的关系。

　　在此，谨寄上敝公司的公司介绍等资料，请予过目，并请参考业务往来条件给予考虑为盼。

　　另外，有关敝公司信用状况等，请通过<u>××银行上海分行</u>进行调查了解为盼。

　　祝
商祺

　　附：<u>敝公司介绍、产品目录、价格表各1份。</u>

株式会社太阳工程
董事总经理仲井泰夫
<u>1999年4月23日</u>

申込み、注文に関する文書

2. 一般的な注文

　海外取引の場合、注文に際し、まずフォーキャスト（FC）を出す。正式な注文の場合には、注文書（中国語では"訂単"と言う）を出す。
　注文に際し、次の項目を欠くことのないよう留意すべきである。
①品名　　②数量　　③単価　　④総額　　⑤納期
⑥受渡場所　⑦運送方法　⑧費用の負担　⑨支払方法
　ここで指摘しなければならないのは、フォーキャストと注文書の違いである。フォーキャストはあくまでも予想の注文であり、正式な注文書ではない。したがって、取消されることもありうる。フォーキャストを注文書と思い込み、生産に走った結果、思わぬ大きな損害を被ったケースはよくある。特に海外の場合、くれぐれも留意すべきである。

上海第二電子公司業務部御中
　拝啓　貴社益々ご隆盛のこととお喜び申し上げます。
　さて、下記の通りご注文申し上げますので、お手配のほどよろしくお願い申し上げます。
　まずは取急ぎご注文まで。

敬具

記

品　　名　USBケーブル　　　数　　量　5,000本
単　　価　200円　　　　　　総　　額　100万円
納　　期　1999年5月30日　　受渡場所　横浜港
運送方法　船便
運送条件　CIF横浜（運賃・保険料込み、横浜渡し）
支払方法　T/T（電信送金為替）

以上
1999年4月30日
株式会社日東商事

2. 订货通知

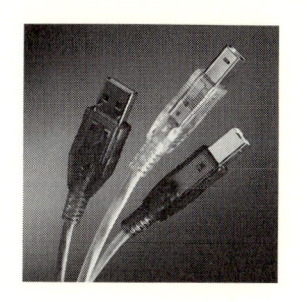

上海第二电子公司业务处：

　　本公司决定按下例要求订货，望能及时安排为盼。

　　特此

商 品 名	USB 电缆	数　　量	5,000 根
单　　价	200 日元	总　　额	100 万日元
到 货 期	1999 年 5 月 30 日	接货地点	横滨港
运输方式	海运		
运输条件	CIF 横滨		
付款方式	T/T（电汇）		

株式会社日东商事

1999 年 4 月 30 日

参考 フォーキャストの例

申込み、注文に関する文書

先行所要情報リスト　　　1998年4月21日

恵庭電線製品公司　御中

　拝啓　貴社益々御清栄のこととお慶び申し上げます。平素は格別なるお引き当てを承り厚く御礼申し上げます。

　さて、USBケーブル納入スケジュールに付きまして下記の通りご報告させて頂きますので、宜しくお願い申し上げます。

製品名	USBケーブル
図　番	001-22-33

＝必要部材＝
USBコネクタケーブル

株式会社　仲井商会
〒136-0024　日本東京都×区×町1-10-11
TEL：03-××××-××××
FAX：03-××××-××××　担当××

	5/7W	8W	6/9W	10W	11W	12W	7/13W	14W	15W	16W	W	W
数量	1,300	1,200	1,100	1,300	1,170	1,200	1,300	1,300	1,300	1,500		
納期	4/26	5/2	5/9	5/16	5/23	5/30	6/8	6/15	6/23	7/1	/	/

	W	W	W	W	W	W	W	W	W	W	W	W
数量												
納期	/	/	/	/	/	/	/	/	/	/	/	/

備考

次回のF／C発行日4月27日

进货状况予测表　　　　1998年4月21日

惠庭电线制品公司

　　感谢贵公司对我们的一贯支持，并祝贵公司日益昌盛。现寄上USB电缆的进货状况予测表，供参考。

　　此致

产品名	USB 电缆
图　号	001-22-33

＝所需材料＝

USB 电缆

株式会社　仲井商会

〒136-0024　日本东京都×区×町 1-10-11

TEL：03-××××-××××

FAX：03-××××-××××　担当××

	5/7W	8W	6/9W	10W	11W	12W	7/13W	14W	15W	16W	W	W
数　量	1,300	1,200	1,100	1,300	1,170	1,200	1,300	1,300	1,300	1,500		
交货期	4/26	5/2	5/9	5/16	5/23	5/30	6/8	6/15	6/23	7/1	/	/

	W	W	W	W	W	W	W	W	W	W	W
数　量											
交货期	/	/	/	/	/	/	/	/	/	/	/

备　注

　　　　　　　　　　　　　　　　下回的F／C通知日为4月27日

3. カタログによる注文

基本的には前記の注文書と同様であるが、どのカタログのどの製品であるかを明記する。

常熟貿易公司輸出入部御中
　前略　先般ご送付いただきました貴社製品カタログにより、××を同封の注文書の通りご注文申し上げます。よろしくお願い申し上げます。

草々

同封書類　注文書1通

以上

1999年5月1日
株式会社日東商事

3. 根据产品目录订货

常熟贸易公司进出口部：
　你们好。参照贵公司上次寄来的产品目录，决定定购××产品，请速办理为盼。
　附订货单1份。
顺安

株式会社日东商事
1999年5月1日

4. 条件を設定した注文

　注文について条件を設定する場合、前例のような一般的な注文書を基本に、必要条件を書き加えていく。
　値段、納期、条件、数字などについては、誤解を生じない書き方で明確に記すべきである。

上海第二電子公司業務部御中
　拝啓　貴社益々ご繁栄のこととお喜び申し上げます。
　さて、貴社お取扱いの××について、別紙注文書の通り注文致します。
　ただし、この商品は、弊社取引先との契約にて、来たる×月×日までに納入することとなっておりますので、弊社へは注文書記載の日時までに必ずご納入いただきますようお願い致します。万一、納期期限に遅延したり、数量が不足した場合は、本注文を取消すこととなりますので、お手配のほどよろしくお願い致します。
　なお、お手数ながら、納入予定日を必ずご連絡くださいますよう、あわせてお願い申し上げます。
　まずは上記注文まで

敬具

記

　同封書類　注文書1通

以上
1999年5月2日
株式会社日東商事

4. 设定条件的订货

上海第二电子公司业务处：

  首先祝贵公司日益发展，生意兴隆。

  敝公司决定订购贵公司的××产品。同时必须指出：根据敝公司与客户之间的合同，此产品必须在×月×日之前交货。因此务必请贵公司在订货单指定的日期之内发货。万一过期未到货或有数量不足时，此次订货将自动取消，请速办理为盼。

  另外，请尽快将发货日期通知敝方，不胜感激。

  祝

商祺

  附订货单1份

株式会社日东商事

1999年5月2日

4 照会の文書

相手側から返事をもらうことが目的の書状である。相手がこちらの問合わせについて回答しやすいような書き方が必要である。

1. 商品発送の照会

常州電子輸出入公司

周洪保様

　いつもお世話になっております。

　さて、貴社よりご依頼をいただいたケーブルのサンプルを、本日をもって発送致しました。一日も早くお手元に届くよう、EMSでお送り致しました。関係の書類をFAXでお送り申し上げますので、どうぞご査収ください。

以上

1999年6月5日

株式会社日東商事

大西敏夫

2. 発送品着否の照会

永安公司購買課御中

　拝啓　貴社益々ご清栄のこととお慶び申し上げます。

　さて、先月15日付けでご発注いただいた弊社製品××個、今月1日付けでご指定の××船会社にて貴社宛て発送致しましたが、いまだ着荷のご連絡も受領書も拝受しておりません。万一、未着の場合には即刻調査致しますので、お手数ですが、至急ご一報くださいますようお願い申し上げます。

　まずは、取急ぎご照会まで。

敬具

1999年5月28日

株式会社サンプロジェクト

● 中国語の"照会"はやや堅い感もあるが、日本人とのビジネスの場ではよく使われている。日本語の「照会」に対応する中国語には"核实"、"核对"、"核查"などがあり、場面や内容によって使い分けている。

1. 发货照会

常州电子进出口公司
周洪保先生：

　　你好。我公司根据贵公司的需要已于今天把<u>电缆样品</u>寄出。为了便于贵公司尽早提货，我们是用国际邮政快件寄出的。现把有关文件全部传真给你，请查收。

株式会社日东商事
大西敏夫
<u>1999 年 6 月 5 日</u>

2. 到货确认照会

永安公司采购科：

　　你们好。 按贵公司<u>上月15日</u>的购货订单要求，本公司产品××个已于<u>本月1日</u>由贵公司指定的××海运公司托运完毕。但至今尚未收到贵公司的接货通知和收据，不知究竟如何？

　　万一如果没收到货的话，请立刻通知我方，以便立即调查。

　　特此急函

株式会社太阳工程
<u>1999 年 5 月 25 日</u>

3. 商品未着の照会

　2の照会は商品発送側からの照会であるのに対し、次の例文は商品を受取る側からのものである。これは一種の督促ではあるが、まず品物の問合わせをして、その結果いかんで次の手段を考えるべきである。まず、おだやかに事情を尋ねた方がよいであろう。

上海第二電子公司業務部御中

　前略　先月15日付けでご注文いたしました××について、送り状のみ今月1日付けで受領致しましたが、現品は本日もって到着しておりませんので、ご照会申し上げます。

　つきましては、お手数ながら、出荷商品の所在を至急ご調査の上、ご連絡いただきたくお願い申し上げます。

　まずは、取急ぎご照会まで。

草々

1999年4月20日

株式会社大興電子工業所

3. 货物未到照会

上海第二电子公司业务处：

　　你们好。有关上月15日的订货一事，只收到本月1日的发货单，但货物至今未收到。请速查此货所在，并予以联系为盼。

　　特此急函

株式会社大兴电子工业所

1999年4月20日

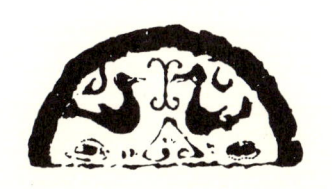

4. 商品情報の照会

製品を取入れようとする企業側から、メーカーに問合わせをする場合の文書である。これは特に新規取引を検討するための重要な照会であるから、文面を慎重に工夫すべきである。

天傑食品有限公司
王新平社長
拝啓　貴社益々ご隆昌のこととお慶び申し上げます。
　さて、貴社の新製品××につきましては、相当な需要の見込まれる画期的な製品と存じ、弊社で鋭意検討しております。
　つきましては、新製品のカタログ、宣伝資料、その他関連資料を至急お送りくださいますようお願い申し上げます。
　まずは取急ぎお願いまで。

敬具

1999年5月30日
株式会社日本食品
取締役常務佐藤孝夫

4. 商品信息照会

天杰食品有限公司
王新平经理：
　　首先祝贵公司日益发展，生意兴隆。
　　贵公司的××新产品，独创时代新潮流，具有广阔的前景，敝公司深感兴趣。
　　为此，能否请贵公司速将<u>新产品目录、宣传资料及其他有关资料</u>寄我处，不胜感谢。
　　特此专函

<u>1999 能 5 月 30 日</u>
<u>株式会社日本食品</u>
<u>董事常务佐藤孝夫</u>

5. 在庫の照会

商品の仕入れ先に対して、その在庫の有無を問合わせる時の文書である。

常熟電子輸出入公司御中

　拝啓　貴社益々ご清祥のこととお慶び申し上げます。
　さて、貴社には××の在庫がおありでしょうか。お忙しいところ恐縮ですが、至急お知らせいただきますようお願い申し上げます。
　在庫があれば、価格、運賃などについても、また品切れであれば、入荷の予定についてお知らせいただければ幸いです。
　まずはご照会まで

敬具

1999年5月10日
株式会社日東商事

5. 库存照会

<u>常熟电子进出口公司</u>：

　　您好。　祝贵公司生意兴隆。

　　现想了解一下贵公司××商品的库存情况，请速告为盼。　如有库存，烦请同时告知价格、运费等。　如无货，也请告知何时进货为盼。

　　百忙之中，谢谢。

<u>株式会社日东商事</u>
<u>1999 年 5 月 10 日</u>

5 依頼の文書（要求与委托）

1. 見積り依頼

　　見積りの依頼は、日常茶飯事に行われていることであり、こういったやりとりは海外の場合でも頻繁になされている。当方の用件を一方的にお願いする性質のものなので、丁寧にしかも誠意のある表現で書かなければならない。ただし、難しい言い回しを使わず、簡潔明瞭が原則である。

上海第二電子公司業務部御中

　前略　御社製品××にたいへん興味がありますので、至急見積りをお送りくださいますようお願い申し上げます。

　まずは、略儀ながら取急ぎご依頼まで。

草々

記

　　　　　　　　　①　最少見積り数量
　　　　　　　　　②　受渡期日
　　　　　　　　　③　運送方法及び条件
　　　　　　　　　④　支払条件

以上

1999年6月1日

株式会社日東商事

1. 要求报价

上海第二电子公司业务处：

　　本公司对贵公司的××产品很感兴趣，请速报价给我方为盼。

　　欲知事项：

① 最少报价数

② 交货期

③ 运输方式及条件

④ 付款方式

　　特此专函

　　　祝

商祺

株式会社日东商事
1999年6月1日

2. 出荷依頼

常州貿易公司輸出入部

王紅梅様

　前略　8トンのニンニクスライスを一日も早くお送りくださいますようお願い申し上げます。着荷次第、T/Tにて送金致します。

　なお、航便、出航時間及び船名をFAXにてお知らせくださいますようお願い申し上げます。

草々
1999年5月15日
株式会社ワールド
島崎貞子

2. 要求交货

常州贸易公司进出口部
王红梅小姐：

　　请将8吨大蒜头片早日寄出，货到即用电汇付款。并请将航班、时间、船名用FAX告我为盼。
　　祝
商祺

　　　　　　　　　　　　　　　　　　　　　　株式会社环球
　　　　　　　　　　　　　　　　　　　　　　　岛崎贞子
　　　　　　　　　　　　　　　　　　　　　1999年5月15日

3. フライト確認の依頼

永安公司

周永華、任祖基様

　新春のお祝いを申し上げます。皆様の平素のご高配を心より感謝しております。

　さて、今回のサンプルの件ですが、またお手数をおかけします。当社は何度も長崎空港に問合わせ致しましたが、MU519便のスペースが足りないため、サンプルが入らなかったとのことです。積出しはいつになるか分かりませんが、おそらく本日（19日）の午前10時の便になるだろうという返事でした。誠に申し訳ありませんが、ご確認をお願いできませんでしょうか。

　春節のお休みのところ、お手間を取らせてしまい、誠に申し訳ありません。どうか皆様にもよろしくお伝えください。万事うまく運びますようお祈り申し上げます。

草々

1999年2月19日 a.m.10：10

株式会社仲井商会

小里吾郎

3. 委托确认航班

永安公司

周永华、任祖基先生：

　　首先恭贺新年快乐！对二位先生的配合表示衷心地感谢！

　　今又将麻烦你们二位。有关这次样品的运输问题，我社已与长崎机场联系了几次，回答都是：由于MU519航班舱位太小，这次的样品放不进去，故延迟了。 什么航班暂时还无明确答复，可能是今天（19日）上午10点的航班吧。 请二位能否帮助确认一下，谢谢。 在春节之际还为此事打搅各位，深表歉意。

　　谨向各位问好。 祝大家万事如意，心想事成。

株式会社仲井商会

小里吾郎

1999年2月19日 a.m. 10:00

4. 価格確認の依頼

上海第二電子公司業務部

丁立群様

　いつもお世話様です。

　昨日、サンプルを頂きました。1500mmF型コネクタケーブルの量産時の価格について、US$0.28にて単価OKか再度確認願います。ユーザーに対しては、US$0.28にて回答をしております。

　以上、ご確認のほどよろしくお願い申し上げます。

1999年6月2日

株式会社グローバル商事

小野浩之

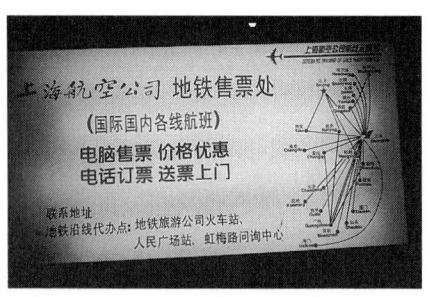

地下鉄駅内にある航空会社の切符売り場

4. 要求确认价格

上海第二电子公司业务处

丁立群先生：

  一直承蒙照顾，不甚感谢。

  样品已于昨天收到。有关1.5米F型接头电缆线批量生产时的价格是否应该为US$0.28，请再次予以确认。 对客户已经以US$0.28报价。

  请予确认回复为盼。

株式会社环球商事

小野浩之

1999年6月2日

旅行会社の窓口

5. テスト条件確認の依頼

上海第二電子公司業務部

丁立群様

　いつもお世話になっております。

　WZ-1383、WZ-1400のテスト結果のご提出ありがとうございます。御社のテスト結果にて保留となっている項目の対処方法について確認させていただきます。

　① 6kgでテストしましたが、実力値は5kgにてOKという事ですので、仕様書上5kgに修正をお願いいたします。

　②試験条件が＋70℃、24hours となっていますが、温度を＋80℃に変更願います。

　今回いただきましたテスト結果は、部品仕様書上に規格として記載してもらえるよう、アレンジをお願い致します。

　また、梱包仕様につきましても仕様書に追記のほどお願いします。

　以上ご検討よろしくお願いします。

1999年6月10日

株式会社グローバル商事

小野浩之

6. 製品カタログの請求

朝日電気公司御中

　前略　貴社製品の最新版カタログを3部お送りいただきたく、お願い申し上げます。

草々

1999年6月3日

株式会社日東商事

5. 要求确认测试条件

上海第二电子公司业务处

丁立群先生：

　　一直承蒙照顾，不胜感谢。

　　WZ-1383，WZ-1400的测试报告收到了，谢谢。现就贵社测试结果中的保留项目，作一确认。

　　① 电缆线强度测试为6kg，实际上5kg即为OK，请将此项在使用书上改为5kg。

　　② 温度试测条件为＋70℃，24小时，但希望能将温度改为＋80℃。

　　请将此次收到的测试结果作为规格条件记载在配件使用说明书上。

　　另外，请将捆包方法也记载在使用说明书上。

　　以上请予考虑为盼。

株式会社环球商事

小野浩之

1999年6月10日

6. 索取产品目录

朝日电气公司：

　　你们好。请将贵公司最新产品目录寄 <u>3份</u> 给我处，不胜感谢。

　　颂安

株式会社日东商事

<u>1999年6月3日</u>

6 抗議、弁解、説明の文書（抗议、辩解、说明）

誤りの事実を指摘し、事実関係を確めることがポイントであるが、感情的な文面にならないように留意すべである。

1. 不良品納入に対する抗議

常熟電子輸出入公司御中

　前略　先月15日付でご発送の品、本日着荷致しました。さっそく検品致しましたところ、30個のうち、製品工程上のミスと思われる個所のあるものを5個発見致しました。

　このような不良品では、商品として通用致しませんので、念のため、一個別便にてご返送致します。調査、善処の上、しかるべきご回答をくださるようお願い申し上げます。

　まずは、取急ぎご報告かたがたお願いまで。

草々
1999年6月1日
株式会社日東商事

1. 对进货中混有次品提出抗议

常熟电子进出口公司：

　　今接到贵公司上月15日发出的货，经检查，发现30个之中，有5个是生产过程中产生的次品。

　　本公司无法使用此类次品，为此现将次品中的一个寄回你处，望立即调查、处理，并作出应有的答复。

　　特此专函。

株式会社日东商事

1999年6月1日

2. 材料変更についての弁解

上海第二電子公司業務部

丁立群様

　WZ1392の線材について、材料上基本的に問題はありません。主にPVC-111を使用しております。今回サンプルの中に、弾力性添加剤（無毒、安全規準を満している）を入れましたが、弾力性の許容できる限界に来ているため、さらに増加すれば、線材の成型問題が起きる恐れがあります。なお、もしPVCを変更すれば、コストが上がってしまいますので、お手数ですが、至急回答をくださいますようお願い申し上げます。

以上

1999年5月22日

株式会社大興電子工業所

技術部　坂野浩二

2. 对材料变更进行解释

上海第二电子公司业务处

丁立群先生：

　　您好。 有关 WZ1392 的线材，基本上在材料上没有问题，主要用 PVC-111。 这次样品中所加入的弹性添加剂（无毒，符合安全规格）已是极限。如再增加弹性添加剂可能会影响线材成型。

　　如对这次的样品还不满意，则可能必须更改 PVC，但这样做会增加成本。

　　该如何办请速答复为盼。

株式会社大兴电子工业所

技术部　坂野浩二

1999 年 5 月 22 日

3. サンプル不良への説明

株式会社大興電子工業所御中

　AVCableサンプル不良の件について製品開発部の分析調査の結果を申し上げます。

1. サンプル製造の時間があまりに短いため、最終検査の時間が足りず、よってハンダ不良及び雑物が混入する現象が起きたと考えられます。
2. 再度生産現場をチェックし、以上のようなトラブルが起きないように確認しました。生産工程において、すべての人が責任を持ち、すべての製品を検査することを再確認しました。
3. サンプルを急ぐあまり、不良品が発生したことを深くお詫び致します。量産の時、厳しくチェックし、品質管理をさらに強化して、全製品が合格するよう努力致します。ここに重ねてお詫び申し上げます。

　　　　　　　　　　　　　　　　　　　　　　　　　　　以上
　　　　　　　　　　　　　　　　　　　　　　　1999年6月4日
　　　　　　　　　　　　　　　　　　　　　　　無錫電子産品公司

3. 对不良样品的说明

株式会社大兴电子工业所：

　　有关 AV 电缆样品为次品的情况，已收到贵公司的传真通知，经产品开发部开会分析研究后作出如下结论：

1. 因制作时间太匆忙，为赶制样品，没时间进行最后检查，所以出现了焊接不良及混进杂物的情况。
2. 我们再次检查了生产现场，以保证不再出现类似现象，并做到人人把关，个个检查。
3. 因急于制作样品，以至产生了次品，对此我们深表歉意。我们将在批量生产时严格检查，进一步加强品质管理，做到质量全部合格。再次表示歉意。

无锡电子产品公司
1999 年 6 月 4 日

7 感謝、祝賀の文書（感谢信及祝贺信）

要領よくこちらの感謝、祝賀の気持ちを伝えれば、さほど長くする必要はない。

1. お世話になったお礼

朝日電気公司御中

　拝啓　弊社の北京駐在事務所社員に対し、暖かいご配慮とご協力をいただき、心より感謝を申し上げます。

　並びに貴社の益々のご発展をお祈りし、感謝のご挨拶とさせていただきます。

敬具

1999年7月30日
株式会社日東商事

2. 電話へのお礼

常熟貿易公司輸出入部

王紅梅様

　拝啓　貴社益々ご発展のこととお慶び申し上げます。

　さて、お電話をいただき、誠にありがとうございます。今後の取引の中で双方の協力関係が益々深まりますよう、切に希望しております。是非一度日本へお越しくださいますようお願い申し上げます。

敬具

1999年6月6日
株式会社大興電子工業所
営業部長　小林太郎

1. 对承蒙照顾致谢

朝日电气公司：

　　衷心感谢贵方对敝公司在京办事处工作人员的照顾和帮助，并祝贵公司日益发展和兴旺。

　　此致

夏安

株式会社日东商事
1999 年 7 月 30 日

2. 对来电表示感谢

常熟贸易公司进出口部

王红梅小姐：

　　谨祝事业发达！

　　能接到您的电话非常高兴，在此表示衷心的感谢。希望能与您建立友好的业务往来，并在今后的业务中进行真诚的合作。 欢迎您来日本访问。

　　祝

商安！

株式会社大兴电子工业所
营业部长　小林太郎
1999 年 6 月 6 日

3. 展示会出展へのお礼

尊敬する張明徳社長

　拝啓　この度、電子工業製品展示会にご出展くださり、また今後も引続きご参加くださるとのこと、誠にありがとうございます。

　これからも貴社の新製品のご出展を楽しみにしております。貴社益々のご発展をお祈りし、重ねて御礼申し上げます。

敬具

1998年11月1日
日本電子工業振興会
事務局長　山崎英雄

【関連表現】
① 中国物産展　　　　　中国土特产品展销 xiāo 会
② 中国ブックフェア　　中国图书展览会
③ 世界花卉展　　　　　世界花卉 huì 展览会

3. 对参加展览会的感谢

尊敬的张明德总经理:

  此次承蒙贵公司来日本参加<u>电子工业产品</u>展览会,并决定今后继续参加在日本举办的展览会。为此,谨向您表示衷心的感谢。

  我们期待着每年能在日本看到贵公司新产品展出,并祝贵公司日益兴旺发达。在此再次表示感谢。

  此致

秋安

日本电子工业振兴会

事务局长　山崎英雄

1998年11月1日

④ 世界食品展　　　　　世界食品展销会
⑤ アジア電子部品展示会　亚州电子产品展览会
⑥ 日本通信技術展示会　　日本通信技术展览会

4. 工場視察後の礼状

庭楽電装公司社長

劉恵民殿

　拝啓　この度、香港と深圳を訪問の際、いろいろと面倒を見てくださったことを心より感謝申し上げます。

　貴方と知り合うことができて、たいへん嬉しく思います。特に貴社工場の見学は忘れ難きものであり、これからつき合っていく自信を深めてくれました。

　どうぞ貴社の皆様にもよろしくお伝えください。

敬具

1999年3月16日

日本太平洋電装

代表取締役社長　井上康成

5. 新年のあいさつ

常熟市対外貿易公司

葉忠中副社長殿

　新年に際して、謹んで皆様に新年のごあいさつを申し上げます。双方のこれからの協力関係の発展をお祈りし、今後とも末長くご支援、ご指導のほどよろしくお願い申し上げます。

　夏社長、ならびに郭課長にもよろしくお伝えください。

1999年新春

株式会社グローバル商事

取締役専務　今野　瞭

4. 参观工厂后的感谢信

庭乐电装公司总经理

刘惠民先生：

　　衷心感谢您在我访问香港和深圳时给予的照顾。

　　很高兴能与您相识，尤其是到您的工厂参观更是令人难忘，使我加深了与您合作的信心。

　　请代向贵公司全体人员问好。

日本太平洋电装

董事总经理　井上康成

1999 年 3 月 16 日

5. 新年的祝贺

常熟市对外贸易公司

叶忠中副社长：

　　值此新年到来之际，谨祝大家春节愉快，万事如意！予祝我们的事业兴隆发展！并期望今后能一如既往给予我们帮助和指导。

　　请向夏经理及郭科长转达我的祝贺之意。

株式会社环球商事

专务董事　今野　暸

1999 年新春

注(1) 日本では年賀はがきを用いるが、中国では、ビジネスの場合普通の書式、便箋でもかまわない。一般の家庭では旧正月の時に年賀はがきを出すものもあるが、まだごく少ないのである。

　(2) 日本から中国へ賀状を送る時、春節（旧正月）のほうが喜ばれる。

8 悔やみ状（吊唁信）

故人を悼む気持ち、遺族への慰め、励ましの気持ちを真心を込めて書くことである。手紙を出す時（はがきは不可）色物の便箋を使わないこと。FAXの場合、特別な書式はないが、やはり"死 sǐ""没 méi""走 zǒu""完 wán"など死を連想させるような言葉は避けなければならない。

取引先課長逝去へのお悔やみ

恵州市機電公司御中

　貴社業務部の王洪課長が突然ご逝去されましたことをお聞きして、私どもはたいへん驚き、深い悲しみを覚えております。王課長は貴社と弊社との協力関係の発展に多大な貢献をなされ、その逝去は私どもにとっても大きな損失であります。

　どうか、ご遺族の方々、ならびに貴社の皆様に私どもの哀悼と慰問の意をお伝えください。

1999年3月13日
株式会社仲井商会

对客户科长的逝世表示哀悼

惠州市机电公司：

　　惊悉贵公司业务部王洪科长突然去世，我们深感悲痛。王先生为我们两公司的合作和发展作出了很大的贡献。　他的去世对我们是莫大的损失。

　　请代向其家人和同事表达我们的哀悼和慰问之意。

株式会社仲井商会

1999 年 3 月 13 日

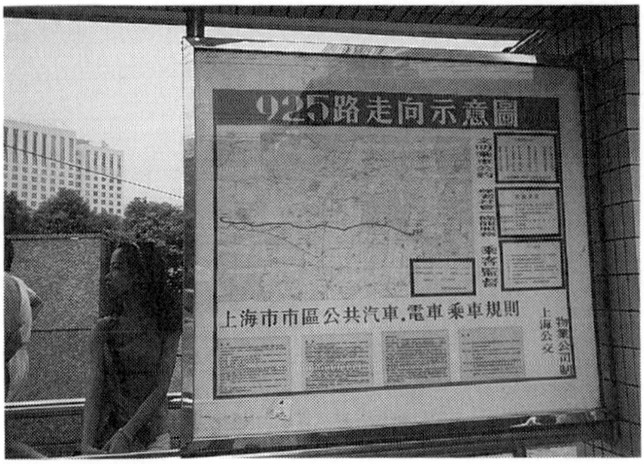
925路走向示意圖
上海市市區公共汽車.電車乘車規則

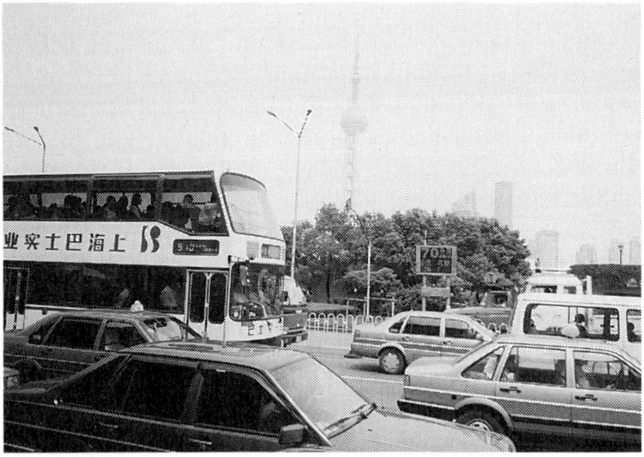
业实士巴海上

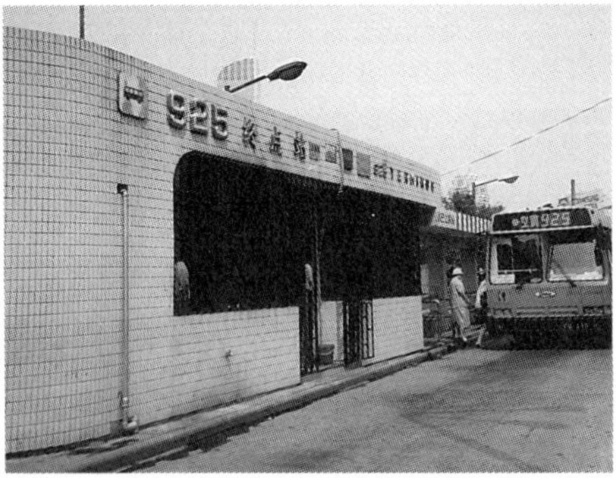
925

第2部

ビジネス会話

1 電話（电话）

　現在、電話のない生活と仕事は考えられない。勿論ビジネスマンにとっても同じことである。しかし、使い方次第では、抜群の効果が出るときもあるが、逆効果になることもある。電話はあくまでも次の営業への補助的なツールに過ぎないことを忘れてはならない。
　電話をかけるポイントとして、
　(1)落ち着いて、明るく、ゆっくり、はっきりと話すこと、
　(2)会社名、自分の名前をきちんと名乗った上で、用件を述べること、
　(3)面会の時間など、必ず復唱して確認すること、などが挙げられる。

1 オフィス（办公室）

1. 相手の会社にかける

受付：立徳電子でございます。
三木：私は日本グローバル株式会社上海駐在員の三木と申します。石さんはいらっしゃいますか。
受付：少々お待ちください。
三木：どうも。
　＊　＊　＊
石　：こんにちは。石思仁です。
三木：お久しぶりです。お元気ですか。一度お会いしたいのですが、ご都合はいかがでしょう。
石　：いつがよろしいですか。
三木：今夜か、あるいは明日の晩にでも。
石　：今夜は都合が悪いですが、明日なら大丈夫です。
三木：じゃ、明日の晩、7時にいつものところでお待ちしております。
石　：そうしましょう。

上海の公衆電話
（あちこちに見られるようになった。）

1. 打给对方公司

小姐：	您好。立德电子公司。	Nín hǎo. Lìdé diànzǐ gōngsī.
三木：	我是日本环球公司驻上海代表三木。请问石先生在吗？	Wǒ shì Rìběn Huánqiú gōngsī zhù Shànghǎi dàibiǎo Sānmù. Qǐngwèn Shí xiānsheng zài ma?
小姐：	请等一下。	Qǐng děng yí xià.
三木：	谢谢。	Xièxie.
	＊　＊　＊	
石　：	你好。我是石思仁。	Nǐ hǎo. Wǒ shì Shí sīrén.
三木：	石先生，好久不见了。你好吗？想和你见个面，有时间吗？	Shí xiānsheng, hǎojiǔ bú jiànle. Nǐ hǎo ma? Xiǎng hé nǐ jiàn ge miàn, yǒu shíjiān ma?
石　：	什么时候？	Shénme shíhou?
三木：	今天晚上或明天晚上。	Jīntiān wǎnshang huò míngtiān wǎnshang.
石　：	今天晚上可能抽不出时间，明天晚上可以。	Jīntiān wǎnshang kěnéng chōubuchū shíjiān, míngtiān wǎnshang kěyǐ.
三木：	那明天晚上7点钟我在老地方等你。	Nà míngtiān wǎnshang qī diǎn zhōng wǒ zài lǎo dìfang děng nǐ.
石　：	就这么定了。	Jiù zhème dìng le.

●ビジネス会話●

2. 相手が不在の場合

受付：おはようございます。立徳電子でございます。
三木：私は日本グローバル株式会社上海駐在員の三木と申します。石さんはいらっしゃいますか。
受付：申し訳ございませんが、あいにく外出しております。
三木：何時頃お戻りですか。
受付：1時間ぐらいで戻ると思いますが。
三木：では、のちほどかけ直します。

3. 折り返し連絡を希望する

受付：おはようございます。立徳電子でございます。
三木：私は日本グローバル株式会社上海駐在員の三木と申します。石さんはいらっしゃいますか。
受付：申し訳ございませんが、お名前をもう一度お願いできますか。
三木：三木と申します。
受付：三木様ですね。石はただいま外出中です。1時間ほどしたら、戻る予定です。
三木：伝言をお願いできますか。
受付：はい、どうぞ。
三木：戻られましたら、至急ご連絡くださるよう、お伝えください。
受付：承知致しました。

2. 对方不在时

小姐： 您好。立德电子公司。 Nín hǎo. Lìdé diànzǐ gōngsī.
三木： 我是日本环球公司的三木，请问石先生在吗？ Wǒ shì Rìběn Huánqiú gōngsī de Sānmù, qǐngwèn Shí xiānsheng zài ma?
小姐： 对不起，他外出了。 Duìbuqǐ, tā wàichū le.
三木： 大概什么时候回来？ Dàgài shénme shíhou huílai?
小姐： 大概一个小时左右能回来。 Dàgài yí ge xiǎoshí zuǒyòu néng huílai.
三木： 那我过会儿再打。 Nà wǒ guò huìr zài dǎ.

3. 请求对方回电

小姐： 您好。立德电子公司。 Nín hǎo. Lìdé diànzǐ gōngsī.
三木： 我是日本环球公司驻上海代表三木。请问石先生在吗？ Wǒ shì Rìběn Huánqiú gōngsī zhù Shànghǎi dàibiǎo Sānmù. Qǐngwèn Shí xiānsheng zài ma?
小姐： 对不起，能不能再报一下贵姓？ Duìbuqǐ, néng bu néng zài bào yíxià guìxìng?
三木： 我姓三木。 Wǒ xìng Sānmù.
小姐： 谢谢，三木先生。他外出了，大概一个小时后回来。 Xièxie, Sānmù xiānsheng. Tā wàichū le, dàgài yí ge xiǎoshí hòu huílai.
三木： 能不能请您转达一下？ Néng bu néng qǐng nín zhuǎndá yíxià?
小姐： 可以，请讲。 Kěyǐ, qǐng jiǎng.
三木： 请他回来后，立即打电话给我。 Qǐng tā huílai hòu, lìjí dǎ diànhuà gěi wǒ.
小姐： 明白了。我一定转达。 Míngbai le. Wǒ yídìng zhuǎndá.

電話（电话）

4. 用件を伝えてもらう

受付：おはようございます。立徳電子でございます。

三木：私は日本グローバル株式会社上海駐在員の三木と申します。石さんはいらっしゃいますか。

受付：申し訳ございません。ただ今外出しております。おそらく1時間後に戻ると思いますが。

三木：すみませんが、伝言をお願いできますか。

受付：はい、どうぞ。

三木：例の××の見積りの件を至急教えてくださいと、お伝えください。

受付：××の見積りの件ですね。承知致しました。

三木：では、お願いします。

豆知識1　中国の企業の所有形態

中国の企業の所有形態は、

　(1) 全民所有制（国有企業とも言われる）

　(2) 集団所有制（郷鎮企業を含む）

　(3) 私有制

　(4) 外資企業（合弁企業、独資企業を含む）

の4種類である。

　　国有企業の約半数は赤字経営である。工業生産額に占める国有企業の割合は85年には85％近くだったが、98年には24％に低下した。対照的に同期間の私有制企業の比率は、2％から20％にまで急増しているという。

4. 请求转达要件

小姐：	您好。立德电子公司。	Nín hǎo. Lìdé diànzǐ gōngsī.
三木：	我是日本环球公司驻上海代表三木，请问石先生在吗？	Wǒ shì Rìběn Huánqiú gōngsī zhù Shànghǎi dàibiǎo Sānmù, qǐngwèn Shí xiānsheng zài ma?
小姐：	对不起，他外出了，大概要一个小时后才能回来。	Duìbuqǐ, tā wàichū le, dàgài yào yí ge xiǎoshí hòu cái néng huílai.
三木：	对不起，麻烦你替我转达一下好吗？	Duìbuqǐ, máfan nǐ tì wǒ zhuǎndá yí xià hǎo ma?
小姐：	请说。	Qǐng shuō.
三木：	请告诉他尽快把××的价报给我。	Qǐng gàosu tā jǐn kuài bǎ ×× de jià bào gěi wǒ.
小姐：	有关××报价的事，是吗？我一定转达。	Yǒu guān ×× bàojià de shì, shì ma? Wǒ yídìng zhuǎndá.
三木：	那谢谢了。	Nà xièxie le.

2 内線につないでもらう（转内线）

1. 本人が在社の場合

受付：こんにちは、致福実業でございます。
小川：私は大栄株式会社の小川と申します。内線108番の陳樹生さんをお願いします。
受付：少々お待ちください。まもなく参りますので。
陳　：どうもお待たせしました。陳です。

2. 本人が不在の場合

受付：こんにちは、致福実業でございます。
小川：私は大栄株式会社の小川と申します。内線108番の陳樹生さんをお願いします。
受付：少々お待ちください。（しばらくして）申し訳ございませんが、陳はただ今外出中です。
小川：何時頃お戻りですか。
受付：1時間ぐらいで戻ると思いますが。
小川：では、のちほどかけ直します。

1. 对方在的时候

小姐： 您好。致福实业公司。
Nín hǎo. Zhìfú shíyè gōngsī.

小川： 我是日本大荣公司的小川。请转内线108陈树生先生。
Wǒ shì Rìběn Dàróng gōngsī de Xiǎochuān. Qǐng zhuǎn nèixiàn yāo líng bā Chén Shùshēng xiānsheng.

小姐： 对不起,请稍候。陈树生马上就来。
Duìbuqǐ, qǐng shāohòu. Chén Shùshēng mǎshàng jiù lái.

陈 ： 你好。我是陈树生,让你久等了。
Nǐ hǎo. Wǒ shì Chén Shùshēng, ràng nǐ jiǔ děng le.

2. 对方不在的时候

小姐： 您好,致福实业公司。
Nín hǎo, Zhìfú shíyè gōngsī.

小川： 我是日本大荣公司的小川。请转内线108陈树生先生。
Wǒ shì Rìběn Dàróng gōngsī de Xiǎochuān. Qǐng zhuǎn nèixiàn yāo líng bā Chén Shùshēng xiānsheng.

小姐： 请等一下。（过片刻）对不起,陈树生现在不在公司,他外出了。
Qǐng děng yí xià.（guò piàn kè）duìbuqǐ, Chén Shùshēng xiānsheng xiànzài bú zài gōngsī, tā wàichū le.

小川： 大概什么时候能回来？
Dàgài shénme shíhou néng huílai?

小姐： 大约一小时以后。
Dàyuē yì xiǎoshí yǐhòu.

小川： 那我一小时以后再打。
Nà wǒ yì xiǎoshí yǐhòu zài dǎ.

電話（电话）

3. 相手が電話中の場合

受付：おはようございます。美麗服装でございます。
大平：私は日本山下服装の大平と申します。李力さんはいらっしゃいますか。
受付：ただ今、別の電話に出ておりますが、そのままお待ちになりますか。それともおかけ直しいただけますか。
大平：長くないようでしたら、待たせていただきたいのですが。
受付：それでは、そのままお待ちくださいませ。……電話が終わったようです。たいへんお待たせ致しました。
李　：お待たせして申し訳ありません。李ですが……。

4. FAXナンバーを尋ねる

受付：おはようございます。朝日貿易でございます。
中山：私は日本電子の中山ですが、見積りをFAXでお送りしたいのですが、FAX番号を教えていただけますか。
受付：かしこまりました。こちらのFAX番号は537-4413です。
中山：537-4413ですね。
受付：はい、そうです。
中山：では、これから送信いたしますので、少々お待ちください。

3. 对方正在接电话的时候

小姐：	您好，美丽服装。	Nín hǎo, Měilì fúzhuāng.
大平：	我是日本山下服装的大平。请问，李力先生在吗？	Wǒ shì Rìběn Shānxià fúzhuāng de Dàpíng. Qǐngwèn, Lǐ Lì xiānsheng zài ma?
小姐：	他现在正在接别的电话。您是等着还是过一会儿再打？	Tā xiànzài zhèngzài jiē bié de diànhuà. Nín shì děngzhe háishi guò yíhuìr zài dǎ?
大平：	如果不长的话，我就等着。	Rúguǒ bù cháng de huà, wǒ jiù děngzhe.
小姐：	那请您稍候。…让您久等了，李力现在接您电话。	Nà qǐng nín shāo hòu. …Ràng nín jiǔ děng le, Lǐ Lì xiànzài jiē nín diànhuà.
李：	对不起，我是李力，让您久等了。	Duìbuqǐ, wǒ shì Lǐ Lì, ràng nín jiǔ děng le.

4. 寻问传真号码

小姐：	您好、朝日贸易。	Nín hǎo, Zhāorì màoyì.
中山：	我是日本电子的中山，我想把报价用传真发给贵公司，请告诉我贵公司的传真号码好吗？	Wǒ shì Rìběn diànzǐ de Zhōngshān, wǒ xiǎng bǎ bàojià yòng chuánzhēn fā gěi guì gōngsī, qǐng gàosu wǒ guì gōngsī de chuánzhēn hàomǎ hǎo ma?
小姐：	本公司的传真号码是537-4413。	Běn gōngsī de chuánzhēn hàomǎ shì wǔ sān qī-sì sì yāo sān.
中山：	537-4413，对吗？	Wǔ sān qī-sì sì yāo sàn, duì ma?
小姐：	对。	Duì.
中山：	那么，我现在发传真给你。	Nàme, wǒ xiànzài fā chuánzhēn gěi nǐ.

電話（电话）

5. FAXが送信できない場合

受付：おはようございます。朝日貿易でございます。
中山：私は日本電子の中山です。何度かFAXを送っているのですが、なかなか送れません。故障中でしょうか。
受付：誠に申し訳ございません。FAXが故障中なので、1時間後にお送りいただけますか。
中山：わかりました。では、そうしましょう。
受付：ご迷惑をおかけして、申し訳ございません。
中山：いいえ。

豆知識2　中国の住宅事情

　中国の都市部の住宅事情は厳しい。住民一人当たりの平均居住面積は9平方メートル弱である。今までほとんど企業や官庁などが無料、または低額で従業員、職員に貸与してきたが、これも変わることとなった。中国政府は住宅改革に本腰を入れ、低所得者以外は自分で購入するシステムに変えると発表した。どうもそれは、採算、効率の悪い国営企業の従業員への住宅提供コストを軽減し、さらに住宅関連産業を内需拡大につなげるという一石二鳥を狙っているようである。

5. 传真发不出去时

小姐：	您好。朝日贸易。	Nín hǎo. Zhāorì màoyì.
中山：	我是日本电子的中山。几次发传真给你们，但怎么也发不出去。是不是机器发生故障了？	Wǒ shì Rìběn diànzǐ de Zhōngshān. Jǐ cì fā chuánzhēn gěi nǐmen, dàn zěnme yě fābuchūqù. Shì bu shi jīqì fāshēng gùzhàng le?
小姐：	实在对不起。FAX出了故障，大约一个小时以后才能使用。	Shízài duìbuqǐ. FAX chūle gùzhàng, dàyuē yí ge xiǎoshí yǐhòu cái néng shǐyòng.
中山：	是吗？那么我一个小时后再发吧。	Shì ma? Nàme wǒ yí ge xiǎoshí hòu zài fā ba.
小姐：	给您添麻烦了，非常抱歉。	Gěi nín tiān máfan le, fēicháng bàoqiàn.
中山：	没什么。	Méi shénme.

【関連表現】

FAXを使用中なので、10分後にまたお送りいただけますか。
　　因FAX（传真机）现正在使用中，请过10分钟再发好吗？
用紙を切らしているので、5分後にまたお送りいただけますか。
　　因传真纸用完了，请过5分钟再发好吗？

2　中国の現地で（在中国）

　　中国現地での対応は、二つに分けることができる。一つは直接人と会って交渉する。もう一つは電話を通じて交渉する。いずれにしても対応の仕方は同じである。
　　現地対応のポイントは以下のようにまとめられる。
①相手のペースに巻き込まれず、多少中国語に自信がなくても決して卑屈になってはいけない。

1．交通機関の予約

受付：おはようございます。××航空でございます。

小林：私は日本人で、小林と申します。北京への航空券を予約したいのですが、……

受付：時間とフライトナンバーを教えてください。

小林：来週月曜日、午前10時50分発の、5123フライトでお願いしたいのですが。

受付：申し訳ございません。あいにくその便は満席になっておりますが、午後1時35分の5203便なら、まだ空席がございますが。

小林：何時頃北京に着きますか。

受付：午後3時45分の予定でございます。

小林：では、それにしましょう。おいくらです？

受付：××××元でございます。恐れ入りますが、お名前、住所、電話番号とパスポート番号をお教えください。

②"Yes"と"No"はあいまいにせず、否定の時には"不～"、肯定の時には"是""对"などとはっきり言う。また分からないことがあったら、分かるまで繰り返して聞く。
③自分でもよく分からないような言い回しを避け、平易な言葉を使い、内容が複雑な場合にはよく整理してから話す。
④まず相手の意見、主張に耳を傾けて、それから堂々と自分の意見と主張を述べる。ただし感情的に判断することは避けるべきである。

1. 预定交通工具

小姐：您好。××航空公司预售处。
Nín hǎo. ××hángkōng gōngsī yùshòuchù.

小林：你好。我是日本人，姓小林，我想预订去北京的机票。
Nǐ hǎo. Wǒ shì Rìběnrén, xìng Xiǎolín, wǒ xiǎng yùdìng qù Běijīng de jīpiào.

小姐：您想要什么时候，哪个航班的？
Nín xiǎng yào shénme shíhou, nǎ ge hángbān de?

小林：下星期一上午10点50分的5123航班。
Xià xīngqīyī shàngwǔ shí diǎn wǔshí fēn de wǔ yāo èr sān hángbān.

小姐：对不起，5123航班已经满了。下午1点35分起飞的5203航班还有空位。
Duìbuqǐ, wǔ yāo èr sān hángbān yǐjīng mǎn le. Xiàwǔ yì diǎn sānshíwǔ fēn qǐfēi de wǔ èr líng sān hángbān hái yǒu kòngwèi.

小林：到北京是几点？
Dào Běijīng shì jǐ diǎn?

小姐：预定时间是下午3点45分。
Yùdìng shíjiān shì xiàwǔ sān diǎn sìshíwǔ fēn.

小林：那就订这次航班吧。票价多少钱？
Nà jiù dìng zhè cì hángbān ba. Piàojià duōshao qián?

小姐：××××元。请告诉我您的姓名、地址、电话号码和护照号码。
××××yuán. Qǐng gàosu wǒ nín de xìngmíng, dìzhǐ, diànhuà hàomǎ hé hùzhào hàomǎ.

関連用語

① 飞机（飛行機） fēijī
　航空公司（航空会社） hángkōng gōngsī
　机票（航空券） jīpiào
　机场（空港） jīchǎng
　航班（飛行機の便） hángbān
　头等舱（ファーストクラス） tóuděng cāng
　公务舱（ビジネスクラス） gōngwù cāng
　经济舱（エコノミークラス） jīngjì cāng
　打折机票（割引チケット） dǎzhéjīpiào
　登机（搭乗する） dēngjī
　登机牌（搭乗券） dēngjīpái
　登机口（ゲート） dēngjīkǒu
　空中小姐／空姐（客室乗務員） kōngzhōng xiǎojiě
　飞行时间（飛行時間） fēixíng shíjiān
　起飞（離陸） qǐfēi
　降落（着陸） jiàngluò
　转机（飛行機の乗り換え） zhuǎnjī

② 火车（列車） huǒchē
　火车站（駅） huǒchēzhàn
　班次（バス、列車の便） bāncì
　发车时间（発車時間） fāchē shíjiān
　列车员（車掌） lièchēyuán
　机务段（操車区） jīwùduàn
　特快（特急） tèkuài
　直快（急行） zhíkuài

普快（各駅停車） pǔkuài
硬座（普通席） yìngzuò
软座（グリーン席） ruǎnzuò
卧铺（寝台） wòpù
硬卧（普通寝台） yìngwò
软卧（グリーン寝台） ruǎnwò
上铺（上段ベッド） shàngpù
下铺（下段ベッド） xiàpù
站台（ホーム） zhàntái
剪票口（改札口） jiǎnpiàokǒu
当天票（当日券） dāngtiānpiào
预售票（予約券） yùshòupiào

③**公共汽车（バス）** gōnggòngqìchē
　汽车站（バスターミナル） qìchēzhàn
　车票（乗車券） chēpiào
　售票员（車掌） shòupiàoyuán
　司机（運転手） sījī
　换车（乗り換え） huànchē
　小巴士（乗合いバス） xiǎobāshì
　出租汽车（タクシー） chūzū qìchē
　的士（タクシー：香港語彙） díshì
　打的（タクシーを拾う） dǎdí
　包车（貸し切り） bāochē
　旅游车（観光バス） lǚyóuchē
　长途汽车（長距離バス） chángtú qìchē
　坐几路车？（何番のバスに乗りますか） zuò jǐ lù chē?

中国の現地で（在中国）

●ビジネス会話● 117

2. ホテルの予約

オペレーター：はい、錦江ホテルでございます。
吉田　　　：部屋を予約したいのですが、フロントをお願いします。
オペレーター：少々お待ちください。
フロント　：フロントでございます。
吉田　　　：すみません、7月23日の部屋を予約したいのですが。
フロント　：少々お待ちください。お部屋、お取りできます。ツインでしょうか、シングルでしょうか。
吉田　　　：シングルです。一泊いくらですか。
フロント　：朝食つきで500元です。
吉田　　　：交通は便利ですか。
フロント　：大変便利です。地下鉄広場駅より徒歩3分です。いかがでしょうか。
吉田　　　：けっこうです。7月23日、一泊でお願いします。
フロント　：ありがとうございます。お名前と電話番号を教えていただけますか。
吉田　　　：吉田一郎と申します。日本人で電話番号は0537-4131です。

【関連表現】

あいにく、その日は満室です。
　　很抱歉，这天已订满了。
ツインならお取りできます。
　　要是双间的话，我可以替您想想办法。

2. 预订宾馆

总机	：您好。这里是锦江宾馆。	Nín hǎo. Zhèli shì Jǐnjiāng bīnguǎn.
吉田	：我想预订房间，请接服务台。	Wǒ xiǎng yùdìng fángjiān, qǐng jiē fúwùtái.
总机	：请等一下。	Qǐng děng yí xià.
服务台	：您好。这里是服务台。	Nín hǎo. Zhèli shì fúwùtái.
吉田	：你好。我想预定7月23号一个晚上的房间。	Nǐ hǎo. Wǒ xiǎng yùdìng qī yuè èrshísān hào yí ge wǎnshang de fángjiān.
服务台	：请稍等，我查一下。没问题。请问，您要双间还是单间？	Qǐng shāo děng, wǒ chá yíxià. Méi wèntí. Qǐngwèn, nín yào shuāngjiān háishi dānjiān?
吉田	：单间。一个晚上多少钱？	Dānjiān. Yí ge wǎnshang duōshao qián?
服务台	：500元，包括早餐。	Wǔbǎi yuán, bāokuò zǎocān.
吉田	：你们那儿交通方便吗？	Nǐmen nàr jiāotōng fāngbiàn ma?
服务台	：很方便，离地铁广场站只有3分钟。您看怎么样？	Hěn fāngbiàn, lí dìtiě Guǎngchǎng zhàn zhǐ yǒu sān fēn zhōng. Nín kàn zěnmeyàng?
吉田	：好。订7月23号一晚。	Hǎo. Dìng qī yuè èrshísān hào yì wǎn.
服务台	：谢谢。请告诉我您的姓名和电话号码。	Xièxie. Qǐng gàosu wǒ nín de xìngmíng hé diànhuà hàomǎ.
吉田	：我姓吉田，叫吉田一郎，日本人。电话号码是0537－4131。	Wǒ xìng Jítián, jiào Jítián Yīláng, Rìběnrén. Diànhuà hàomǎ shì líng wǔ sān qī-sì yāo sān yāo.

中国の現地で（在中国）

3 相手の自宅に電話をかける（打到対方家里）

1. 親しい間柄

汪　：もしもし、どなた様ですか。

平川：汪さん、平川です。今日、日本から帰ってきたんです。お元気ですか。

汪　：ああ、平川さん。こんにちは。日本はどうでしたか。

平川：楽しかったですよ。汪さんの好きな食べものを持ってきました。私がお届けしましょうか、それとも取りに来てもらえますか。

汪　：持ってきていただくなんて、そんな大変でしょう。私が取りに行きますよ。

平川：じゃあ、一緒に夕飯でも食べましょう。その時ゆっくりとお話しましょう。

汪　：わかりました。平川さんがお好きな「五糧液」を持っていきますよ。

　　注：五糧液（五粮液）—中国の名酒の一つで、度数のきつい焼酎。5つの穀物（粮liáng。ここではコウリャン，米，コムギ，トウモロコシ，もち米）からできているので、"五粮液"と呼ぶ。

1. 关系亲密

汪　：喂，哪一位？

Wèi, nǎ yí wèi?

平川：小汪，是我，平川。今天刚从日本回来，怎么样，好吗？

Xiǎo Wāng, shì wǒ, Píngchuān. Jīntiān gāng cóng Rìběn huílai, zěnmeyàng, hǎo ma?

汪　：啊！平川，你好。在日本过得怎么样？

A! Píngchuān, nǐ hǎo. Zài Rìběn guò de zěnmeyǎng?

平川：挺不错。给你带了些你爱吃的东西，是我送去，还是你来拿？

Tǐng búcuò. Gěi nǐ dàile xiē nǐ ài chī de dōngxi, shì wǒ sòngqu, háishi nǐ lái ná?

汪　：你那么辛苦还能让你特意送来吗？我这就去。

Nǐ nàme xīnkǔ, hái néng ràng nǐ tèyì sònglai ma? Wǒ zhè jiù qù.

平川：好。那我等你一起吃晚饭。咱们好好儿聊聊。

Hǎo. Nà wǒ děng nǐ yìqǐ chī wǎnfàn. Zánmen hǎohāor liáoliao.

汪　：那我带一瓶你爱喝的五粮液去。

Nà wǒ dài yì píng nǐ ài hē de Wǔliángyè qù.

2. 親しい間柄ではない場合

方　：もしもし、どなた様ですか。
内田：こんばんは。私はシープの内田です。お休みのところお邪魔してたいへん恐縮です。
方　：ああ、内田さんですか。どういったご用件でしょう。
内田：本来は明日御社でお話すればよかったのですが、実は今しがた会社から電話がありまして、例の××の件について、明日の朝9時までに必ず返事するようにと言われたのです。それでお邪魔することに致しました。
方　：気にしないでください。私はできるかぎりのことを致しますが。
内田：ほんとうにありがとうございます。実は…。

豆知識3　中国の交通事情

　中国は「自転車大国」と言われて久しい。しかし改革開放以後、自動車、バイクなどが猛スピードで増えてきたこともあり、交通マナーはお世辞にも良いとは言えないのが現状である。交通事故による死者の数も年々増えている。中国の警察当局によると、1997年には世界最高の7万4千人にも及んだという。それは前年度比で0.3%増、また事故の件数は前年より5.7%多い30万4千件にものぼっている。交通事故による経済的な損失は約2億2千万USドルにも及んでいるそうである。

2. 关系一般

方 ：喂，哪一位？

内田：您好。我是西普公司的内田。很冒昧在您休息时打电话给您。

方 ：啊，是内田先生吗？您好，有什么事吗？

内田：本来完全可以在明天您上班时和您谈的。但刚接到我们公司的电话，他们让我明天早上9点之前一定要就××事给个回音，所以只能打搅您了。

方 ：没关系。只要我能帮得上忙，我会尽力而为的。

内田：那太谢谢您了。是这样的…。

Wèi, nǎ yí wèi?

Nín hǎo. Wǒ shì Xīpǔ gōngsī de Nèitián. Hěn màomèi zài nín xiūxi shí dǎ diànhuà gěi nín.

A, shì Nèitián xiānsheng ma? Nín hǎo. Yǒu shénme shì ma?

Běnlái wánquán kěyǐ zài míngtiān nín shàngbān shí hé nín tán de. Dàn gāng jiēdào wǒmen gōngsī de diànhuà, tāmen ràng wǒ míngtiān zǎoshang jiǔ diǎn zhīqián yídìng yào jiù ××shì gěi ge huíyīn, suǒyǐ zhǐ néng dǎjiǎo nín le.

Méi guānxi. Zhǐyào wǒ néng bāng de shàng máng, wǒ huì jìnlì ér wéi de.

Na tài xièxie nín le. Shì zhèyàng de….

4 あいさつ、紹介、案内、宴会（问候、介绍、陪同、宴会）

　ビジネスマンにとって、あいさつ、紹介、案内、宴会なども仕事の重要な一部分である。うちとけた雰囲気の中で良い人間関係をつくることは、ビジネスの面においても時に予期せぬ効果がある。
　特に中国では組織より、個人と個人の人間関係が大事にされているので、いかに相手と意思疎通をはかり、本音を聞き出すかは大切である。

1. 初対面の人に

申　：こんにちは。私は忠実電子の申一天です。ようこそ無錫へおいでくださいました。

石川：こんにちは。初めまして。どうぞよろしくお願いします。

申　：こちらこそよろしくお願いします。道中順調でしたか。

石川：一応順調な方です。

申　：会社から業務商談を任されております。本日はお疲れのようで、今晩また歓迎パーティーがありますし、業務の話は明日にしたいのですが、いかがでしょうか。

石川：けっこうです。

申　：ではのちほどまたお会いしましょう。

【関連表現】

おかげ様で（道中は）順調でした。
　　谢谢，一路很顺利。

本日は時間も遅いので、早目にお休みください。
　　今天已经很晚了，您早点休息吧。

1. 初次见面

申： 您好，我是忠实电子的申一天，欢迎您来无锡。

Nín hǎo, wǒ shì Zhōngshí diànzǐ de Shēn Yītiān, huānyíng nín lái Wúxī.

石川： 您好，初次见面，请多关照。

Nín hǎo, chūcì jiànmiàn, qǐng duō guānzhào.

申： 还请您多多关照。一路上顺利吗？

Hái qǐng nín duōduo guānzhào. Yílù shang shùnlì ma?

石川： 还算顺利。

Hái suàn shùnlì.

申： 公司委托我和您具体洽谈业务。今天您辛苦了，晚上还有宴会，业务的事咱们明天谈，您看怎么样？

Gōngsī wěi tuō wǒ hé nín jùtǐ qiàtán yèwù. Jīntiān nín xīnkǔ le, wǎnshang hái yǒu yànhuì, yèwù de shì zánmen míngtiān tán, nín kàn zěnmeyàng?

石川： 完全可以。

Wánquán kěyǐ.

申： 那么晚上见。

Nàme wǎnshang jiàn.

2. 見覚えのある人に

三好：馬社長、こんにちは。

馬　：こんにちは。えーと？

三好：去年の商談会を覚えていらっしゃいますか。私は菱上株式会社の三好です。

馬　：ああ、三好さん。覚えております。お会いできて嬉しいです。お元気ですか。

三好：元気です。この度貴市の商品展示会に参加するために参りました。

馬　：それはよかったです。わが社の展示ブースはA3にあります。是非一度お越しください。

三好：必ずお伺い致します。

豆知識4　中国の水不足問題

　「近代化へと突き進む中国で、都市化や工業化に伴う水不足の状況は、一段と深刻になっている」、米国のワールド・ウォッチ研究所の所長のレスター・ブラウンはそう警告する。氏の指摘によれば、中国では1995年から2030年にかけ、都市用水の需要は310億トンから1340億トンに、工業用水の需要は520億トンから2690億トンに増えるという。そして、617都市の内、約300都市が、すでに水不足になっているというのである。また、こうした水の需要を満たすため、農業用水を転用するケースが目立ち、このことが各地に深刻な兆候をもたらしていると指摘する。黄河の下流では、大量取水によって、毎年川が干上がる「断流」現象が起きている。穀倉地帯の華北地方では、ここ5年間に地下水の水位が平均1.5メートルも下がってしまったという。同氏は「中国は水をより有効に使うため、経済全体の構造を変えなければならない」と示唆している。

あいさつ、紹介、案内、宴会（問候、介紹、陪同、宴会）

2. 曾经见到过的人

三好： 马经理，您好吗？
Mǎ jīnglǐ, nín hǎo ma?

马 ： 很好，谢谢。您是…？
Hěn hǎo, xièxie. Nín shì…?

三好： 您记得去年的洽谈会吗？我是菱上公司的三好。
Nín jìde qùnián de qiàtán huì ma? Wǒ shì Língshàng gōngsī de Sānhǎo.

马 ： 啊，三好先生，记得记得。很高兴再次见到您。您好吗？
A, Sānhǎo xiānsheng, jìde jìde. Hěn gāoxìng zài cì jiàn dào nín. Nín hǎo ma?

三好： 我很好。这次我是来参加贵市对外商品展销会的。
Wǒ hěn hǎo. Zhè cì wǒ shì lái cānjiā guì shì duìwài shāngpǐn zhǎnxiāohuì de.

马 ： 那太好了。我公司的展示柜在A3那里，请一定过来看看。
Nà tài hǎo le. Wǒ gōngsī de zhǎnshìguì zài ēi sān nàli, qǐng yídìng guòlai kànkan.

三好： 好，一定去拜访。
Hǎo, yídìng qù bàifǎng.

あいさつ、紹介、案内、宴会（問候、介绍、陪同、宴会）

3. 知り合いに

王　：こんにちは。山谷さんも今日の展示会に参加しているのですね。

山谷：ああ、王さん、こんにちは。うちの会社も本日の商品展示に参加しております。ブースはB1です。

王　：そうですか。この前お会いしてからだいぶたちましたね。どうですか、商売のほうは。

山谷：ご協力のおかげで、たいへん順調です。今後も業務の拡大ができると思います。

王　：それはよかったですね。今後も連絡を密にして、業務拡大に努めましょう。あっ、うちの張社長の話では、先日訪日の際、たいへんお世話になったそうで、機会があれば是非一度お会いしたいと言っております。会社に戻って山谷さんがいらっしゃったことを伝えれば、喜ぶでしょう。

山谷：それはそれは。明日の午後またここにおりますので、是非一度おいでください。

王　：では、伝えておきます。

3. 熟人

王　：你好，山谷先生。您也来参加展销会了。

山谷：啊，王先生，你好。我们公司这次也参加了商品展示，在B1柜。

王　：是吗？自从上次见面后，我们已经很久没见面了。贵公司的生意怎么样？

山谷：多亏你的合作，一切很好。我想很有可能与贵公司扩大业务往来。

王　：那太好了。希望今后能多多联系，扩大业务。啊，我们张经理说，上个月去日本时受到你多方照顾，有机会的话希望能和你再次见个面。回去后我告诉他你来了，他一定会很高兴的。

山谷：那太好了。明天下午我也在这里。请他一定来。

王　：好的。我一定转告他。

Nǐ hǎo, Shāngǔ xiānsheng. Nǐ yě lái cānjiā zhǎnxiāohuì le.

A, Wáng xiānsheng, nǐ hǎo. Wǒmen gōngsī zhè cì yě cānjiā le shāngpǐn zhǎnshì, zài bì yī guì.

Shì ma? Zìcóng shàng cì jiànmiàn hòu, wǒmen yǐjing hěn jiǔ méi jiànmiàn le. Guì gōngsī de shēngyì zěnme yàng?

Duōkuī nǐ de hézuò, yíqiè hěn hǎo. Wǒ xiǎng hěn yǒu kěnéng yú guì gōngsī kuòdà yèwù wǎnglái.

Nà tài hǎo le. Xīwàng jīnhòu néng duōduo liánxì, kuòdà yèwù. A, wǒmen Zhāng jīnglǐ shuō, shànggè yuè qù Rìběn shí shòudào nǐ duōfāng zhàogù, yǒu jīhuì de huà xīwàng néng hé nǐ zài cì jiàn ge miàn. Huí qù hòu wǒ gàosu tā nǐ lái le, tā yídìng huì hěn gāoxìng de.

Nà tài hǎo le. Míngtiān xiàwǔ wǒ yě zài zhèli. Qǐng tā yídìng lái.

Hǎo de. Wǒ yídìng zhuǎngào tā.

4. 歓迎会

孫　：こんにちは。ようこそおいでくださいました。

橋本：こんにちは。またお目にかかれてたいへん嬉しいです。

孫　：ご紹介しましょう。こちらは弊社の、社長の張です。

張　：お会いできて嬉しいです。道中お疲れさまでした。

橋本：初めまして、どうぞよろしくお願いいたします。本日はわざわざお出迎えいただき、ほんとうにありがとうございます。

張　：どういたしまして。皆様のおいでを心よりお待ちしておりました。北京は今、一年の内で一番きれいな季節なのです。北京の秋は空が高く空気がすがすがしく、美しい青空も皆様を歓迎致しております。

橋本：皆さまのご好意を心より感謝しております。われわれの協力関係もこの空のように美しいものであるよう、期待しております。

豆知識 5　中国にも労働組合がある

　1995年1月、中国で初めて労働法が施行された。内外企業は労働組合の組織化を義務づけられている。ただし、組合というものに対する考え方が、日本とは大きく異なっていることをふまえておく必要がある。

　中国は一党独裁の国であり、組合というものに政治色はほとんどない。主に総務の一業務として、福利厚生を行っているような組織である。組合は中国語で"工会 gōnghuì"といい、オープンショップの形を取り、外国人も加入できることになっている。活動は日本の労働組合と一部似ている面もある。要求はほとんど賃上げで、そこに福利厚生の要求項目が追加される程度である。例えば、従業員のスポーツ大会をやるのでグラウンドの使用料を負担してほしいとか、組合費をもっと増やしてほしいなどの要求が多いようである。

あいさつ、紹介、案内、宴会（問候、介紹、陪同、宴会）

4. 欢迎会

孙　　：你好。欢迎，欢迎。
Nǐ hǎo. Huānyíng, huānyíng.

桥本：你好。很高兴能再次见到你。
Nǐ hǎo. Hěn gāoxìng néng zài cì jiàndào nǐ.

孙　　：让我来介绍一下。这是我们公司的张经理。
Ràng wǒ lái jièshào yí xià. Zhè shì wǒmen gōngsī de Zhāng jīnglǐ.

张　　：很高兴能认识你。一路辛苦了。
Hěn gāoxìng néng rènshi nǐ. Yílù xīnkǔ le.

桥本：初次见面，请多关照，感谢张经理亲自前来迎接。
Chūcì jiànmiàn, qǐng duō guānzhào, gǎnxiè Zhāng jīnglǐ qīnzì qián lái yíngjiē.

张　　：哪里，哪里。我们等待着各位的光临。北京现在是一年之中最好的季节。北京秋天，秋高气爽，美丽的天空也在欢迎各位的到来。
Nǎli, nǎli. Wǒmen děngdàizhe gè wèi de guānglín. Běijīng xiànzài shì yì nián zhī zhōng zuì hǎo de jìjié. Běijīng qiūtiān, qiū gāo qì shuǎng, měilì de tiānkōng yě zài huānyíng gèwèi de dàolái.

桥本：十分感谢各位的盛情，愿我们的合作也像这天空一样美好。
Shífēn gǎnxiè gè wèi de shèngqíng, yuàn wǒmen de hézuò yě xiàng zhè tiānkōng yíyàng měihǎo.

あいさつ、紹介、案内、宴会（问候、介绍、陪同、宴会）

【関連表現】

東京は今、桜が満開で、本当にきれいですよ。
　东京现在正值樱花盛开之季，非常美丽。
今は初夏（秋）なので、最もすごしやすい季節なんです。
　目前正为初夏（初秋），是一年中令人最舒服的季节。

●ビジネス会話●

5. 工場見学

羅　：山田さん、ようこそお越しくださいました。

山田：貴社を見学することができて、たいへん光栄に思います。貴社は規模を拡大し、第二工場を建設しているそうですが。

羅　：最近私どもは新しい工場を増設しましたが、来年はもう一ヶ所作りたいと考えております。

山田：御社の社長さんをご紹介いただけませんか。

羅　：勿論です。少々お待ちください。……こちらは弊社の社長の陳です。

山田：こんにちは。お目にかかれてたいへん嬉しいです。

陳　：こんにちは。ようこそ弊社へおいでくださいました。聞くところによれば、御社は電子部品工場の建設を計画中とのことですが、何かお役に立てればと期待しております。

山田：ありがとうございます。私どもも御社との提携には、たいへん興味を持っております。

陳　：それでは、具体的にお話しましょう。

豆知識6　中国の長寿番づけ

　　中国における各省、自治区、直轄市の平均寿命ランキングの上位ベストテンは以下の通りである。

　(1)上海78.1歳　(2)広東76.6歳　(3)海南島76.2歳　(4)北京75.7歳　(5)江蘇75.4歳　(6)浙江75.3歳　(7)天津74.4歳　(8)河北74.2歳　(9)山東73.5歳　(10)福建73.2歳

　　上海、広東、北京などが上位に名を連ねているところを見ると、生活レベルが高く、しかも料理がうまいことが長寿の原因になっているのだろうか。

あいさつ、紹介、案内、宴会（問候、介紹、陪同、宴会）

5. 参观工厂

罗 ： 山田先生，欢迎您光临敝公司。

山田： 我很荣幸有机会参观贵公司。听说贵公司正在扩大规模，盖建第二家工厂。

罗 ： 最近我们扩建了一个工厂，明年希望再新开一个工厂。

山田： 你能把我介绍给贵公司总经理吗？

罗 ： 当然可以，请等一下。这是我们公司的陈总经理。

山田： 您好。很高兴能见到您。

陈总经理： 您好，山田先生。欢迎您来敝公司参观。听说贵公司正在考虑建一家电子零配件厂，希望我们能为贵公司尽力。

山田： 非常感谢。我们很有兴趣与贵公司合作。

陈总经理： 那太好了。我们具体谈谈吧。

Shāntián xiānsheng, huānyíng nín guānglín bì gōngsī.

Wǒ hěn róngxìng yǒu jīhuì cānguān guì gōngsī. Tīngshuō guì gōngsī zhèngzài kuòdà guīmó, gài jiàn dì èr jiā gōngchǎng.

Zuìjìn wǒmen kuòjiàn le yí ge gōngchǎng, míngnián xīwàng zài xīn kāi yí ge gōngchǎng.

Nǐ néng bǎ wǒ jièshào gěi guì gōngsī zǒngjīnglǐ ma?

Dāngrán kěyǐ, qǐng děng yí xià. Zhè shì wǒmen gōngsī de Chén zǒngjīnglǐ.

Nín hǎo. Hěn gāoxìng néng jiàndào nín.

Nín hǎo, Shāntián xiānsheng. Huānyíng nín lái bì gōngsī cānguān. Tīngshuō guì gōngsī zhèngzài kǎolǜ jiàn yì jiā diànzǐ língpèijiàn chǎng, xīwàng wǒmen néng wèi guì gōngsī jìnlì.

Fēicháng gǎnxiè. Wǒmen hěn yǒu xìngqù yǔ guì gōngsī hézuò.

Nà tài hǎo le. Wǒmen jùtǐ tántan ba.

あいさつ、紹介、案内、宴会（問候、介紹、陪同、宴会）

6. 宴会

中国側：どうぞ皆様お席へおかけください。本日は皆様のおいでを歓迎して、ここにて簡単な宴席を設けました。

日本側：皆様にお会いできて、たいへん嬉しく思います。

中国側：それでは、皆様のご健康をお祈りし、ならびにご来訪を歓迎して乾杯致しましょう。

日本側：皆様のあたたかいおもてなしに、心から感謝の意を表します。皆様のご健康をお祈りして乾杯致しましょう。

中国側：今回の商談が成功し、皆様のご滞在が楽しいものとなりますよう、あわせて御社のご繁盛と益々のご発展を祈念致しまして乾杯しましょう。

日本側：双方の努力によって必ずや円満にいくと信じております。また御社の更なるご発展をお祈り致しまして、乾杯しましょう。

中国側：どうぞご遠慮なさらずに召し上がってください。

李　：これは四川料理で辛いですが、お口に合いますか。

石井：私は日本でもよく四川料理店へ行きます。ただこちらの四川料理は日本のよりずっと辛いような気がしますが、でも私は大丈夫です。

李　：そうですか。それではあの料理を召し上がってみてください。あれは上海料理なので、わりとあっさりしていて、日本の方のお口に合うかもしれません。

石井：なるほど、ああ、おいしいです。

王　：小川さんはなかなかの酒豪ですね。もう一杯いかがですか。

小川：いいえ、もうずいぶん飲みましたから、これ以上飲むと、酔っぱらってしまいます。

張　：今日はほんとうにわが家にいるつもりでおくつろぎください。ご遠慮なさらないでください。

6. 宴会

中方： 各位请入座。今天我们在这里设便宴，欢迎各位来访。

日方： 今天有幸认识各位，我们很高兴。

中方： 首先让我们为各位先生们的健康干杯，对各位的来访再次表示热烈的欢迎。

日方： 感谢贵公司为我们举办如此丰盛的宴会。让我们为各位的健康干杯。

中方： 希望我们这次洽谈能够成功，祝各位逗留愉快，也祝贵公司生意兴隆，日益发展。干杯！

日方： 相信我们双方经过努力能够取得圆满成功，并祝贵公司更加发展。干杯！

中方： 请各位随便用餐。

李　： 这是四川菜，比较辣，您习惯吗？

石井： 我在日本也常去四川餐馆。但是这里的菜比日本的四川料理更辣。不过我受得了。

Gè wèi qǐng rùzuò. Jīntiān wǒmen zài zhèli shè biànyàn, huānyíng gè wèi láifǎng.

Jīntiān yǒu xìng rènshi gè wèi, wǒmen hěn gāoxìng.

Shǒuxiān ràng wǒmen wèi gè wèi xiānshengmen de jiànkāng gānbēi, duì gè wèi de láifǎng zài cì biǎoshì rèliè de huānyíng.

Gǎnxiè guì gōngsī wèi wǒmen jǔbàn rú cǐ fēngshèng de yànhuì. Ràng wǒmen wèi gè wèi de jiànkāng gānbēi.

Xīwàng wǒmen zhècì qiàtán nénggòu chénggōng, zhù gè wèi dòuliú yúkuài, yě zhù guì gōngsī shēngyì xīnglóng rìyì fāzhǎn. Gānbēi!

Xiāngxìn wǒmen shuāngfāng jīngguò nǔlì nénggòu qǔdé yuánmǎn chénggōng, bìng zhù guì gōngsī gèngjiā fāzhǎn. Gānbēi!

Qǐng gè wèi suíbiàn yòng cān.

Zhè shì Sìchuān cài, bǐjiào là, nín xíguàn ma?

Wǒ zài Rìběn yě cháng qù Sìchuān cānguǎn. Dànshì zhèli de cài bǐ Rìběn de Sìchuān liàolǐ gèng là. Búguò wǒ shòudeliǎo.

大林： やあ、今日はほんとうにもりだくさんですね。

石井： 皆さんには何でも言いたいことが言えて、実に気持ちがいいですよ。

小川： 本日はあたたかいおもてなしを、ほんとうにありがとうございました。

李 ： いいえ、何もおもてなしできず、失礼致しました。

＊日本では宴会の場合、開会の時に１回だけの乾杯は多いが、中国では最初から最後まで頻繁に乾杯するのが普通である。しかも乾杯といえば一気に飲みほすケースがほとんどなので、たいていの日本人は参ってしまう。そんな時、すこしだけ口を付けて乾杯の仕草をすれば、決して失礼にはならないのである。

豆知識７　中国の治安問題—ニセ警官要注意

　かつての安全な国の神話も、今は昔。近年、中国の治安当局も、犯罪の急増に頭をかかえている。特にニセ警官の存在は、頭痛の種である。彼らは制服（中国では肩章などはついていない警官制服を販売している露店がある）、夜間反射ベルト、手錠、停止標識等、交通警察官の七つ道具をフルに活用し、警官に成りすまして夜間にトラック、タクシーなどから罰金を徴収するという、悪質な手口を使う。こういった犯罪が、多発しているというのである。中国治安当局が厳しい取締まりを行っているものの、当分はこの種の犯罪は続きそうである。

　ちなみに中国でも、警察への緊急通報の電話番号は日本と同じく110番である。

李：	是吗？您尝尝那个怎么样？那是上海菜，比较清淡，可能适合日本人的口味。	Shì ma? Nín chángchang nàge zěnmeyàng? Nà shì Shànghǎi cài, bǐjiào qīngdàn, kěnéng shìhé Rìběnrén de kǒuwèi.
石井：	不错，很好吃。	Búcuò, hěn hǎochī.
王：	小川先生看来您酒量不小。再来一杯吧。	Xiǎochuān xiānsheng kànlai nín jiǔliàng bù xiǎo. Zài lái yì bēi ba.
小川：	不，今天喝得太多，再喝就要醉了。	Bù, jīntiān hē de tài duō, zài hē jiù yào zuì le.
张：	希望大家不要客气，就像在自己家里一样。	Xīwàng dàjiā búyào kèqi, jiù xiàng zài zìjǐ jiāli yíyàng.
大林：	谢谢。今天的宴会真是太丰盛了。	Xièxie. Jīntiān de yànhuì zhēn shì tài fēngshèng le.
石井：	能够和各位畅所欲言，真是太高兴了。	Nénggòu hé gè wèi chàng suǒ yù yán, zhēn shì tài gāoxìng le.
小川：	衷心感谢你们的盛情款待。	Zhōngxīn gǎnxiè nǐmen de shèngqíng kuǎndài.
李：	不谢。我们招待得还不周到，请多多谅解。	Búxiè. Wǒmen zhāodài de hái bù zhōudào, qǐng duōduo liàngjiě.

あいさつ、紹介、案内、宴会（問候、介紹、陪同、宴会）

5 価格交渉（谈价格）

　近年来、日中両国の間では各種項目にわたり、多くの商談、契約が相次いで成立したものの、取引方法や業界慣習上の違いがあり、当事者双方の認識が完全に一致することは当然無理である。したがって、より着実に、より柔軟に対応する必要がある。まず、現状を正しく把握し、貿易形態、決済方法等をよく工夫して価格交渉に臨むべきである。

中：本日はお忙しいところお越しいただきまして、ありがとうございます。さっそくですが、これが私どもの見積り書とサンプルです。どうぞご覧になってください。

日：ありがとうございます。そうですね。サンプルは、品質は悪くないですが、ただ値段が高すぎますね。

中：そうでしょうか。私どものオファー価格は競争力があり、決して他社より高いとは思いません。

日：私が知っているところでは、他社の価格は××元で、貴社のは20％も高いんですよ。

中：私どもの製品は品質が良いことで、各ユーザーより高い評価を得ております。

日：私どもにとって、品質が少し落ちても問題はありません。ご存知だと思いますが現在米ドルに対する円が大幅に下がっており、われわれの間では、米ドルで決済のため、貴社のようにこんなに高い値段ですと、わざわざ海外へ来て仕入れする必要がなくなってしまうのです。私たちの取引が継続できるよう、なんとかご考慮いただけませんか。値段を下げれば、今回はもうけが少ないかも知れませんが、長い目で見ていったん日本の市場に入ってしまえば、前途洋々たるものだと思いますよ。

中：確かにおっしゃる通りです。ただし、私どもの製品は決して人気のないものではありません。欧米のいくつかの会社より出荷が急がれてお

中：今天承蒙您在百忙之中光临，非常感谢。这是我们的报价单和样品，请过目。

Jīntiān chéngméng nín zài bǎi máng zhī zhōng guānglín, fēicháng gǎnxiè. Zhè shì wǒmen de bàojiàdān hé yàngpǐn, qǐng guòmù.

日：谢谢。嗯，从样品上来看，质量不错，但价格太贵了一点。

Xièxie. Ng, cóng yàngpǐn shang lái kàn, zhìliàng búcuò, dàn jiàgé tài guì le yìdiǎn.

中：是吗？我认为我们报的价格是有竞争力的。绝对不会比别的厂家贵。

Shì ma? Wǒ rènwéi wǒmen bào de jiàgé shì yǒu jìngzhēnglì de, juéduì bú huì bǐ biéde chǎngjiā guì.

日：据我们了解，别的厂家的价格是××元，贵公司的要高出20%。

Jù wǒmen liǎojiě, bié de chǎngjiā de jiàgé shì ×× yuán, guì gōngsī de yào gāo chū bǎi fēn zhī èrshí.

中：我们生产的产品是质量最好的，这是得到客户们一致评价的。

Wǒmen shēngchǎn de chǎnpǐn shì zhìliàng zuì hǎo de, zhè shì dédào kèhùmen yízhì píngjià de.

日：对我们来说，质量上稍微差一些问题并不大，因为你知道，现在日元对美元已经降了很多，我们之间是用美元结算的。如果是贵公司这样

Duì wǒmen lái shuō, zhìliàng shang shāowēi chà yì xiē wèntí bìng bú dà, yīnwèi nǐ zhīdào, xiànzài Rìyuán duì Měiyuán yǐjing jiàng le hěn duō, wǒmen zhījiān shì yòng Měiyuán jiésuàn de. Rúguǒ shì guì

ります。ただし、先ほどおっしゃったように、長い目で物事を考えようというのであれば、注文量が多ければ、多少値引きすることも考えさせていただきましょう。

日：それでは単刀直入に言わせていただければ、××万個で、××元にしていただくというのはどうでしょう。

中：そうですか。分かりました。数量をこの量に増やしていただければ、値段は××元で手を打ちましょう。

日：ありがとうございます。

中：お宅様もなかなか手ごわいですね。（笑）

価格交渉（谈价格）

豆知識8　中国駐在における留意点

1. 暴飲暴食は禁物。常に腹八分に徹すること。
2. 日本での食生活を大幅に変えるような食べ方は禁物である。
3. ホテルに泊まる時は、必ず窓の鍵が閉まるかどうかチェックすること。出かける際、窓、ドアの鍵をかけること。
4. タクシーを呼ぶ時は、できればホテルのカウンターなどの確実な所に依頼したほうが無難である。
5. 簡単に人についていかないこと。
6. 決して現地の人の前では酔っぱらわないこと。一度酔っぱらっている姿を見せたら軽蔑されるので、節度のある飲酒を心がける。

的价格的话，我们就没有必要特意跑到海外来购买产品了。为了使我们的生意能继续做下去，请贵公司能认真考虑。把价格再放低些，这次可能少赚一些，但从长远看，如果能进入日本市场的话，那前景是很广的。

中：您说的话确实有道理，但我们生产的产品并不是卖不出去，实际上现在欧美就有几家公司催着要货。不过正如您所说的要从长计宜，如果贵方订购数量大的话，可以考虑再便宜一些。

日：那么我也就单刀直入地说了，数量××万，价格也请跌到××元。

中：是吗？…那好，数量绝对不能低于这个数，我们同意把价格降到××元。

日：那太谢谢了。

中：您真厉害。（笑）

gōngsī zhèyàng de jiàgé de huà, wǒmen jiù méi yǒu bìyào tèyì pǎodào hǎiwài lái gòumǎi chǎnpǐn le. Wèile shǐ wǒmen de shēngyì néng jìxù zuò xiaqu, qǐng guì gōngsī néng rènzhēn kǎolǜ. Bǎ jiàgé zài fàng dī xiē, zhè cì kěnéng shǎo zhuàn yì xiē, dàn cóng chángyuǎn kàn, rúguǒ néng jìnrù Rìběn shìchǎng de huà, nà qiánjǐng shì hěn guǎng de.

Nín shuō de huà quèshí yǒu dàoli, dàn wǒmen shēngchǎn de chǎnpǐn bìng bú shì mài bu chūqù, shíjì shang xiànzài Ōuměi jiù yǒu jǐ jiā gōngsī cuīzhe yào huò. Búguò zhèngrú nín suǒ shuō de yào cóng cháng jìyì, rúguǒ guì fāng dìnggòu shùliàng dà de huà, kěyǐ kǎolǜ zài piányi yì xiē.

Nàme wǒ yě jiù dān dāo zhí rù de shuōle, shùliàng ×× wàn, jiàgé yě qǐng diē dào ×× yuán.

Shì ma? …Nà hǎo, shùliàng juéduì bù néng dī yú zhè ge shù, wǒmen tóngyì bǎ jiàgé jiàng dao ×× yuán.

Nà tài xièxie le.

Nín zhēn lìhai.

价格交涉（谈价格）

6 電話による飛び込み営業（电话推销）

　中国ビジネスでは飛び込み営業が盛んである。香港でも台湾でも同じだと言えるだろう。中国でビジネスを展開する時、より多くのチャンスをつかむためにも、飛び込み営業をやってみる必要があるとつくづく思う。決して恐れることではなく、断られてもともとだと思えば、飛び込みも苦にならず、かえって仕事に対する満足感が味わえるのではないだろうか。何も難しいことではなく、ごく簡単な中国語会話の能力も持っていれば、だれでもできることだと思われる。また、電話は直接行く場合より難しいが、それがクリアできれば、もう恐いことはない！

受付　　：おはようございます。晨福でございます。

西木　　：おはようございます。私は日本××会社の西木です。商品××についてお話があるので、林社長につないでください。
　　　　（注意点：受付に多くは説明しないこと。要は受付に、自分が社長とは知り合いだと思わせなければならない。そうすれば、社長と直接話す機会が得られる。）

受付　　：少々お待ちください。……どうぞお話ください。

林社長　：はい、林です。

西木　　：林社長、おはようございます。お忙しいところ申し訳ございません。私は日本××会社の西木と申します。初めてお電話を差し上げるのですが、失礼をお許しください。実はわが社は今までずっと台湾より製品を輸入しており、年間約××元の取引があります。しかし、最近台湾の価格もだいぶ高くなっていますので、私どもは中国大陸で業務を展開したいと考えております。貴社に何かお役に立てればと思いまして……。

林社長　：あ、そうですか。ところで貴社はどういう業務にたずさわっているのですか。

西木　　：わが社は19××年設立以来、数十年にわたり××製品の販売及び

電話による飛び込み営業（电话推销）

总机： 您好。这里是晨福公司。
西木： 您好。我是日本××公司的西木。请帮我转一下林总经理，我想和他谈一下××产品的事。
总机： 请等一下。…请讲。
林总经理： 我是林××。
西木： 林总经理，您好。很对不起在您百忙之中给您添麻烦。我是日本××公司的西木。今天是第一次给您打电话，请您能原谅我的冒昧。事情是这样，我们公司一直从台湾大量进口货物，一年的交易额大约是××元。但由于台湾货价格涨得很高，我们想到中国大陆开展业务，希望

Nín hǎo. Zhèli shì Chénfú gōngsī.
Nín hǎo. Wǒ shì Rìběn ×× gōngsī de Xīmù. Qǐng bāng wǒ zhuǎn yí xià Lín zǒng jīnglǐ, wǒ xiǎng hé tā tán yí xià ×× chǎnpǐn de shì.
Qǐng děng yí xià. …Qǐng jiǎng.
Wǒ shì Lín××.
Lín zǒng jīnglǐ, nín hǎo. Hěn duìbuqǐ zài nín bǎi máng zhī zhōng gěi nín tiān máfan. Wǒ shì Rìběn ×× gōngsī de Xīmù. Jīntiān shì dì yī cì gěi nín dǎ diànhuà, qǐng nín néng yuánliàng wǒ de màomèi. Shìqíng shì zhèyàng, wǒmen gōngsī yìzhí cóng Táiwān dàliàng jìnkǒu huòwù, yì nián de jiāoyì é dàyuē shì ×× yuán. Dàn yóuyú Táiwān huò jiàgé zhǎng de hěn gāo, wǒmen xiǎng dào Zhōngguó dàlù kāizhǎn yèwù, xīwàng néng hé guì gōngsī jiànlì liánxì,

　　　　　メンテナンス業務を行っており、日本国内に多くのユーザーを持っております。近年来、私どもは積極的に輸入業務を展開しております。当方にカタログと会社の案内がございますので、どうか一度ご覧いただけないでしょうか。近いうちにお時間はおありでしょうか。

林社長：お話はよくわかりました。では、明日の午後一度お話をうかがいましょう。

西木　：どうもありがとうございます。明日の午後2時頃よろしいでしょうか。

林社長：大丈夫ですよ。

西木　：それでは明日の午後2時にお邪魔させていただきます。それから、万が一社長に急用ができておいでにならない場合、どうか私宛てにお電話をいただけませんでしょうか。電話番号は××××××です。

林社長：はい、わかりました。

　　　＊以上ぐらいできれば十分である。商売だけでなく、他の分野での応用も是非一度お試しあれ。要は堂々と話せば良いのである。
　　　　たとえ今回、訪問のアポが取れなくても、これだけピーアールしたので、今後辛抱強く、何度もやれば、必ず良い結果が出る。

林总经理：能和贵公司建立联系，并能为贵公司服务。是吗？请问贵公司主要从事什么业务？

西木：我们公司从19××年设立以来，几十年来一直从事××产品的销售及售后服务，在日本拥有很多客户。这几年来，我们积极开展海外产品进口业务。我这里有我们公司的产品目录及公司介绍，希望您能亲自过目一下，不知您这几天是否有时间？

林总经理：你可真能说啊！那好吧，明天下午咱们见个面吧。

西木：谢谢。明天下午2点，怎么样？

林总经理：行啊。

西木：那我明天下午2点去贵公司拜访您。另外，万一您临时有事不能见面的话，请打个电话通知我一下好吗？我的电话号码是××××××。

林总经理：好，我知道了。

bìng néng wèi guì gōngsī fúwù.
Shì ma? Qǐngwèn guì gōngsī zhǔyào cóngshì shénme yèwù?

Wǒmen gōngsī cóng yī jiǔ ×× nián shèlì yǐlái, jǐ shí nián lái yìzhí cóngshì ×× chǎnpǐn de xiāoshòu jí shòu hòu fúwù, zài Rìběn yōng yǒu hěn duō kèhù. Zhè jǐ nián lái, wǒmen jījí kāizhǎn hǎiwài chǎnpǐn jìnkǒu yèwù. Wǒ zhèli yǒu wǒmen gōngsī de chǎnpǐn mùlù jí gōngsī jièshào, xīwàng nín néng qīnzì guòmù yí xià, bù zhī nín zhè jǐ tiān shì fǒu yǒu shíjiān?

Nǐ kě zhēn néng shuō a! Nà hǎo ba, míngtiān xiàwǔ zánmen jiàn ge miàn ba.
Xièxie. Míngtiān xiàwǔ liǎng diǎn, zěnmeyàng?
Xíng a.
Nà wǒ míngtiān xiàwǔ liǎng diǎn qù guì gōngsī bàifǎng nín. Lìngwài, wànyī nín línshí yǒu shì bù néng jiànmiàn de huà, qǐng dǎ ge diànhuà tōngzhī wǒ yí xià hǎo ma? Wǒ de diànhuà hàomǎ shì ××××××.
Hǎo, wǒ zhīdao le.

7 打合せ（業務会談）

　打合せの時、まず仕様を確認し、仕様を変更する場合は、その変更理由を十分に説明するようにしなければならない。また、契約の場合、梱包形態、仕様、金額、船便、運賃、納期などは勿論のこと、成立後のクレームの処理等についても、双方が納得のいくように詰めるべきである。

1. 船積み

章　：本日は船積みについてお話したいのですが。契約に基づいて、貨物は来週の月曜日に船積みします。

山口：もう少し詳しく教えてください。

章　：はい。具体的には、コンテナ8個で標識と番号は1から8までです。貨物のカートンにはそれぞれ丸に「SH」の表示があって船は「幸運」です。4月28日に上海港を出航し、予定としては5月1日横浜港に入港します。BL（船荷証券）及びインボイス（送り状）は船積みが終わり次第、お渡ししたいと思いますが、それと同時に、貴社東京本社宛てに船名、出港、入港日程などをFAXでお知らせします。またセカンドBL及びインボイスをEMS（国際エクスプレスメール）でお送りします。

山口：ありがとうございます。

章　：それから当社の横浜代理店は××会社になっております。そちらとも連絡を取っていただけませんか。

山口：分かりました。すぐ東京本社に連絡します。再度確認しますが、貨物に関するすべての費用は御社の負担ですね。

章　：そうです。それは契約書にも明記してあります。他に私どもが負担する費用は、輸出に必要な関税及びその他輸出取扱い手数料なども含まれています。

山口：よく分かりました。ありがとうございます。

1. 装船

章： 今天想和贵方谈谈装船的问题。根据合同要求，货将于下星期一运出。

山口： 请再说得详细些好吗？

章： 好的。具体为8个集装箱。标记及编号是1至8号箱。货箱上各有一个"SH"的圆圈标记。装货的船是"幸运"轮，于4月28日由上海港启航，行程表上预定5月1日抵达贵国横滨港。提货单及该订单的发票等装船一结束就交给你。同时，我方将船名、启航日期、到达日期用传真通知贵公司东京总社，并将提单第2正本和发票用国际邮递快件寄给你们。

山口： 谢谢了。

章： 另外，我们在横滨的代理商是××公司，也请贵公

Jīntiān xiǎng hé guì fāng tántan zhuāngchuán de wèntí. Gēnjù hétóng yāoqiú, huò jiāng yú xià xīngqīyī yùnchū.

Qǐng zài shuō de xiángxì xiē hǎo ma?

Hǎo de. Jùtǐ wéi bā ge jí zhuāngxiāng. Biāojì jí biānhào shì yī zhì bā hào xiāng. Huòxiāng shang gè yǒu yí ge "SH" de yuánquān biāojì. Zhuānghuò de chuán shì "Xìngyùn" lún, yú sì yuè èrshíbā rì yóu Shànghǎi gǎng qǐháng, xíngchéngbiǎo shang yùdìng wǔ yuè yī rì dǐdá guì guó Héngbīn gǎng. Tíhuòdān jí gāidìngdān de fāpiào děng zhuāngchuán yì jiéshù jiù jiāogěi nǐ. Tóngshí, wǒ fāng jiāng chuánmíng, qǐháng rìqī, dàodá rìqī yòng chuánzhēn tōngzhī guì gōngsī Dōngjīng zǒngshè, bìng jiāng tídān dì èr zhèngběn hé fāpiào yòng guójì yóudì kuàijiàn jì gěi nǐmen.

Xièxie le.

Lìngwài, wǒmen zài Héngbīn de dàilǐ shāng shì ×× gōngsī, yě qǐng guì gōngsī gēn

豆知識 9　中国のリストラ

　改革開放路線が経済の高度成長をもたらす一方、多くの国営企業が競争の荒波にもまれ赤字経営を強いられている。このため、一時解雇、すなわちレイオフ（中国語で"下岗 xiàgǎng"と呼んでいる）を命じられた工場労働者の増加も、大きな社会問題となっている。中国では、短期間の生活費を支給すると同時に、こうして職を失った労働者たちを、第三次産業へ誘導する政策が取られている。またベンチャービジネスを積極的に支援する政策も打出しているのである。

	司跟他们联系一下。	tāmen liánxì yí xià.
山口：	好。回头我马上通知我们东京总社。我再确认一下，货物的一切运输费用应该由你方负担吧。	Hǎo. Huítóu wǒ mǎshàng tōngzhī wǒmen Dōngjīng zǒngshè. Wǒ zài quèrèn yí xià, huòwù de yíqiè yùnshū fèiyòng yīnggāi yóu nǐ fāng fùdān ba.
章　：	是的。这在合同上已经写得很清楚。我方负担的费用同时还包括出口所需要的关税费用和办理其他出口手续的全部手续费。	Shì de. Zhè zài hétóng shang yǐjing xiěde hěn qīngchu. Wǒ fāng fùdān de fèiyòng tóngshí hái bāokuò chūkǒu suǒ xūyào de guānshuì fèiyòng hé bànlǐ qí tā chūkǒu shǒuxù de quánbù shǒuxùfèi.
山口：	明白了。非常感谢。	Míngbai le. Fēicháng gǎnxiè.

打合せ（业务会谈）

2. 契約

章　：これは私どもで作成した契約書ですが、どうぞもう一度詳しくご覧ください。問題がなければ、サインをお願いしたいのですが。

山口：すみませんが、今すぐにはできません。

章　：何かご意見がおありですか。

山口：全般的に言えば、契約は受け入れられますが、ただし、次の二点をつけ加えていただかなければ、と思います。ひとつは、荷渡し条件について、第3条に「コンテナ使用可」を入れていただきたいのです。もうひとつは、ここに次のような言葉をつけ加えるべきではないでしょうか。つまり、「もし契約の一方が本契約通りに履行しなかった場合、他の一方は本契約を取消す権利がある」と。

章　：ちょっと検討させてください。……わかりました。その二点をつけ加えることに同意致します。他に何かご意見はありますか。

山口：話し合った内容は、ほぼその通りに書き入れました。

章　：どうぞ契約条項を逐条チェックなさってください。意見が不一致のところがあるかどうかご覧になってください。

山口：日本語の契約書も用意していただけましたでしょう。

章　：用意してございます。どうぞご覧ください。

山口：すべての条項について、意見はございません。

章　：では、サインをお願いできますか。この一部はそちら様で保管なさってください。取引が円満に成立しましたこと、心から感謝致します。

山口：どうもありがとうございました。

2. 订合同

章 ：这是我们拟定的合同，请您再仔细看一下，如果觉得可以的话，那就准备签合同吧。

Zhè shì wǒmen nǐdìng de hétóng, qǐng nín zài zǐxì kàn yí xià, rúguǒ juéde kěyǐ de huà, nà jiù zhǔnbèi qiān hétóng ba.

山口：我们还不能立即签合同。

Wǒmen hái bù néng lìjí qiān hétóng.

章 ：请问还有什么问题吗？

Qǐngwèn hái yǒu shénme wèntí ma?

山口：总的来说，这份合同是可以接受的，但有2点需要加进去。一是交货条件，请在第3条上加上允许使用集装箱。二是这儿是不是应该加上这么一句："如果一方未按本合同条款执行，另一方有权中止合同"。

Zǒngde lái shuō, zhè fèn hétóng shì kěyǐ jiēshòu de, dàn yǒu liǎng diǎn xūyào jiājìnqu. Yī shì jiāohuò tiáojiàn, qǐng zài dì sān tiáo jiāshàng yǔnxǔ shǐyòng jízhuāngxiāng. Èr shì zhèr shì bu shì yīnggāi jiāshàng zhème yí jù: "Rúguǒ, yìfāng wèi àn běn hétóng tiáokuǎn zhíxíng, lìng yì fāng yǒu quán zhōngzhǐ hétóng".

章 ：让我们再商量一下。…可以，我们同意加上这两条。还有什么别的意见吗？

Ràng wǒmen zài shāngliang yíxià. …Kěyǐ, wǒmen tóngyì jiāshàng zhè liǎng tiáo. Hái yǒu shénme biéde yìjiàn ma?

山口：基本上把我们的谈判内容如实地写进去了。

Jīběnshang bǎ wǒmen de tánpàn nèiróng rúshí de xiějìnqu le.

章 ：请再逐项斟酌一下合同的所有条款，看看还有什么意见不一致的地方。

Qǐng zài zhú xiàng zhēnzhuó yí xià hétóng de suǒyǒu tiáokuǎn, kànkan hái yǒu shénme yìjiàn bù yízhì de dìfang.

山口：合同的日文本也准备好了吗？

Hétong de Rìwén běn yě zhǔnbèi hǎo le ma?

章 ：准备好了。请您看一下。

Zhǔnbèi hǎo le. Qǐng nín kàn yí xià.

豆知識 10　中国の教育制度

中国の教育制度は、

　　高等教育（大学、大学院、研究院）

　　中等教育（高校、専門学校、技術学校、中学）

　　初等教育（小学）

　　幼児教育

　　特殊教育（聾唖学校などの身障者のための学校）

などに分かれている。教育を主管する官庁は、中央政府では国家教育委員会で、省、自治区などでは、教育委員会あるいは高等教育庁と普通教育庁の両機関である。

　また、基本的に、六・三・三制の義務教育制度がとられている。小学校が6年、日本の中学にあたる「初級中学（初中 chūzhōng）」が3年、高校にあたる「高等中学（高中 gāozhōng）」が3年である。大学は日本と同じで4年が基本であるが、理工学部が6年の場合もあるという点は異なる。

　日本の職業専門学校にあたる"中专 zhōngzhuān"や短大にあたる"大专 dàzhuān"もあり"中专"は2年、"大专"もだいたい2年である。

山口：我们对所有的条款都没有意见了。　Wǒmen duì suǒyǒu de tiáokuǎn dōu méi yǒu yìjiàn le.

章　：那就请签字吧。这份合同由贵方保存。祝贺我们圆满达成交易。　Nà jiù qǐng qiānzì ba. Zhè fèn hétóng yóu guì fāng bǎocún. Zhùhè wǒmen yuánmǎn dáchéng jiāoyì.

山口：祝贺我们的成功。　Zhùhè wǒmen de chénggōng.

3. クレーム

森下：周さん、今日は200箱のシイタケの品質の件でお話したいのですが。

周　：どうしたのですか。

森下：今度の商品は2週間前に到着しました。すぐに検査を行いましたが、全体の10％にあたる商品にカビがついており、さらに鉄びょうも若干混入しています。したがって今度の商品については、当方は受入れを拒否致します。

周　：長年にわたって、私どものシイタケは品質が良く、高い評価を得ております。ご指摘のようなことは一度もありませんでした。

森下：この商品は食用できません。わが国の厚生省からすでに、発売停止と処分通知が出されています。

周　：何か証拠でもあるのですか。

森下：あります。これは米国のある有名な公証所から発行された検査報告です。完全に信頼できると思います。ここで貴社にクレームを提起しなければなりません。

周　：これは輸送中に起きた問題だと思います。というのは、この商品は船積み前にすでに中国商品検査局によって検査済みなのです。輸送中に生じたいかなる損害も、その損害の要求も、当方としては、受け入れかねます。

森下：それでは、その検査報告を、政府側の関係部門に提出するよう要求します。公正な解決を求めるためにも。

周　：どうか調査の時間を少しいただけませんか。今回の件が、双方の業務関係に悪い影響を及ぼさないようにしたいと思います。

森下：分かりました。では、3日間、お返事をお待ちします。

（3日後）

周　：森下さん。たいへん申し訳ありません。調査の結果、責任は当方にあると判明致しました。双方の間の業務関係を考慮し、貴社の提出

3. 索赔

森下：周先生，我这次来是想谈谈有关200箱香菇的质量问题。

周　：这批货怎么啦？

森下：这批货是两周前到的，我们当场进行了检查，发现大约10%的货已经发霉，还有若干箱甚至混入了铁钉。在这种情况下，我们拒绝接受这批货。

周　：多少年来，我们的香菇一直质量很好，享有盛名，还从来没有发生过这类事。

森下：这批货已不可能食用。我国厚生省已对这些货物发出了停售和销毁通知。

周　：请问有什么证据吗？

森下：有。这是美国一家有名的公证处出的检验报告。它的证明绝对可靠，因此我们有必要向你们提出索赔。

周　：我以为这是在运输途中产生的问题，因为在装船前由中国商品检验局进行过

Zhōu xiānsheng, wǒ zhè cì lái shì xiǎng tántan yǒuguān èrbǎi xiāng xiānggū de zhìliàng wèntí.

Zhè pī huò zěnme la?

Zhè pī huò shì liǎng zhōu qián dào de, wǒmen dāngchǎng jìnxíng le jiǎnchá, fāxiàn dàyuē bǎi fēn zhī shí de huò yǐjing fā méi, háiyǒu ruògān xiāng shènzhì hùnrù le tiě dīng. Zài zhè zhǒng qíngkuàng xià, wǒmen jùjué jiēshòu zhè pī huò.

Duōshǎo nián lái, wǒmen de xiānggū yìzhí zhìliàng hěn hǎo, xiǎng yǒu shèngmíng, hái cónglái méi yǒu fāshēngguo zhè lèi shì.

Zhè pī huò yǐ bù kěnéng shíyòng. Wǒ guó hòngshēng shěng yǐ duì zhè xiē huòwù fāchū le tíngshòu hé xiāohuǐ tōngzhī.

Qǐngwèn yǒu shénme zhèngjù ma?

Yǒu. Zhè shì Měiguó yì jiā yǒumíng de gōngzhèngchù chū de jiǎnyàn bàogào. Tā de zhèngmíng juéduì kěkào, yīncǐ wǒmen yǒu bìyào xiàng nǐmen tíchū suǒpéi.

Wǒ yǐwéi zhè shì zài yùnshū túzhōng chǎnshēng de wèntí, yīnwèi zài zhuāng chuán qián yóu Zhōngguó shāngpǐn jiǎn-

した賠償要求をすべて承諾する用意があります。

森下：率直に責任を認め、しかも賠償してくださることを感謝致します。それでは、われわれの間の長期にわたる協力関係を考慮して、この商品の日本国内での処分費用は当方で負担致しましょう。

周　：どうもありがとうございます。今後、このようなことを二度と起こさないことを保証致します。

豆知識 11　中国の安全規格認可制度

　中国の安全規格は、国家規格、地方規格、業界規格などが制定されて、標準化法の規定に従い、強制規格と任意規格に分けられている。これらの多くの規格は、国家的な規格に整合、同等、参照されている。当然、現在の中国の状況により、国際規格と不一致になっているものも存在する。ただし、電気製品の安全規格に関しては、ほとんどの規格はIEC（International Electrotechnical Commission）規格に準じている。

　中国の国家規格は、通常GB規格と呼ばれ、国家技術監督局が発行、管理及び実施に関する管理監督を行っている。具体的な管理監督方法は、主に市場の抜取り検査（中国語では抽样检查 chōuyàng jiǎnchá）という方法で行われている。「GB」は「国家標準」の中国語読み「Guójiā Biāozhǔn」の頭文字を取った略称である。GB規格は電気製品規格だけではなく、食品衛生などすべての商品に対して制定されている。

	检验，对运输途中产生的任何损失要求索赔，我们不予接受。	yàn jú jìnxíng guo jiǎnyàn, duì yùnshū túzhōng chǎnshēng de rènhé sǔnshī yāoqiú suǒpéi, wǒmen bù yǔ jiēshòu.
森下：	我们要求将检验报告送交更上一级的机构审理，以求得到公正的解决。	Wǒmen yāoqiú jiāng jiǎnyàn bàogào sòng jiāo gèng shàng yì jí de jīgòu shěnlǐ, yǐ qiú dédào gōngzhèng de jiějué.
周 ：	请给我们一些时间调查了解此事。希望这件事不会给我们的业务关系带来不良的影响。	Qǐng gěi wǒmen yì xiē shíjiān diàochá liǎojiě cǐ shì. Xīwàng zhè jiàn shì bù huì gěi wǒmen de yèwù guānxi dàilái bù liáng de yǐngxiǎng.
森下：	好吧。三天后听你回音。（三天后）	Hǎo ba. Sān tiān hòu tīng nǐ huíyīn.
周 ：	森下先生，很对不起，经调查这批货的问题确实发生在我方，考虑到我们之间的业务关系，我们准备接受你方的索赔要求。	Sēnxià xiānsheng, hěn duìbuqǐ, jìng diàochá zhè pī huò de wèntí quèshí fāshēng zài wǒ fāng, kǎolǜ dào wǒmen zhījiān de yèwù guānxi, wǒmen zhǔnbèi jiēshòu nǐ fāng de suǒpéi yāoqiú.
森下：	感谢贵公司能如此坦率地承认责任，予以赔偿。这样吧，考虑到我们之间长期的协作关系，这批货在日本国内销毁的费用就由我方来负担吧。	Gǎnxiè guì gōngsī néng rúcǐ tǎnshuài de chéngrèn zérèn, yǔyǐ péi cháng. Zhè yàng ba, kǎolǜ dao wǒmen zhījiān chángqī de xiézuò guānxi, zhè pī huò zài Rìběn guónèi xiāohuǐ de fèiyòng jiù yóu wǒ fang lái fùdān ba.
周 ：	那太感谢了。我们将保证今后不再发生类似之事。	Nà tài gǎnxiè le. Wǒmen jiāng bǎozhèng jīnhòu bú zài fāshēng lèisì zhī shì.

4. 包装

田中：本日は包装について打合せをしたいのですが、今回はどういう包装をされるのでしょうか。

張　：貴社の梱包仕様に基づき、ケーブルを10本で1束にして、ビニール袋に入れてから、10束を一箱として出荷します。当然箱の底には緩衝材を入れます。

田中：すみませんが、実はメーカー側の希望により、梱包仕様に対し、また若干変更したのです。どうか新しい仕様の通りにやっていただきたいのです。

張　：それは初耳です。私も工場サイドと相談しなければなりません。でもお話をお伺いしましょう。

田中：それは、つまり、PCと同時発売するため、包装形態に新たな注文がついたのです。具体的には、ケーブルを一本ずつビニ帯でとめて、小さいビニール袋に入れます。それから10本で1束にして大きいビニール袋に入れ、10束を一箱に入れます。箱の底に緩衝材を敷く点は、これまでと同じです。

張　：そうすると、作業時間が増えるだけではなく、コストも上がります。買い値はもう少し上げられませんか。それにあまりに突然なことで、工場と相談して、了解を得なければなりませんので、半日のお時間をいただけませんか。

田中：分かりました。突然の要求で申し訳ありません。私も上司に報告して買い値を少し上げられるかどうか聞いてみます。

4. 包装

田中： 今天想谈一下包装的问题。这批货你们打算怎么包装？

张　： 根据贵公司的捆包要求，我们准备将cable每十根扎成一束，然后放入塑料袋，每十束装一箱，箱底铺上防震缓冲材料。

田中： 对不起，根据厂方要求，我们对捆包方式又作了若干变动，希望能照新的要求办理。

张　： 今天是第一次听您讲起，我还得和工厂方面商量，不过请讲吧。

田中： 是这样的。因为是和PC同时出售，所以对包装有了新的要求。具体说是每根cable用塑胶带（迷你带）扎好后放入小塑料袋，然后每十根为一束装入大塑料袋，最后再将十束装为一箱，箱底铺缓冲材料，这点和以前一样。

张　： 这样一改，既增加了作业时间，又会增加成本。是

Jīntiān xiǎng tán yí xià bāozhuāng de wèntí. Zhè pī huò nǐmen dǎsuàn zěnme bāozhuāng?

Gēnjù guì gōngsī de kǔnbāo yāoqiú, wǒmen zhǔnbèi jiāng cable měi shí gēn zhā chéng yí shù, ránhòu fàngrù sùliào dài, měi shí shù zhuāng yì xiāng, xiāng dǐ pū shang fáng zhèn huǎnchōng cáiliào.

Duìbuqǐ, gēnjù chǎng fāng yāoqiú, wǒmen duì kǔnbāo fāngshì yòu zuòle ròugān biàndòng, xīwàng néng zhào xīn de yāoqiú bànlǐ.

Jīntiān shì dì yī cì tīng nín jiǎng qǐ, wǒ hái děi hé gōngchǎng fāngmiàn shāngliàng. Búguò qǐng jiǎng ba.

Shì zhèyàng de. Yīnwèi shì hé PC tóngshí chūshòu, suǒyǐ duì bāozhuāng yǒu le xīn de yāoqiú. Jùtǐ shuō shì měi gēn cable yòng sùliào dài (mí ní dài) zhā hǎo hòu fàngrù xiǎo sùliào dài, ránhòu měi shí gēn wéi yí shù zhuāngrù dà sùliào dài, zuìhòu zài jiāng shí shù zhuāng wéi yì xiāng, xiāng dǐ pū huǎnchōng cáiliào, zhè diǎn hé yǐqián yíyàng.

Zhèyàng yì gǎi, jì zēngjiā le zuòyè shíjiān, yòu huì zēngjiā chéngběn. Shì fǒu

打合せ（业务会谈）

豆知識 12 中国との合弁企業の経営期限

中国の「中外合資経営企業法実施条件」第100条項では、

軽工業、紡績工業は10〜20年、

農牧業は15〜30年、

観光業は10〜15年、

電子、機械、化学工業は15〜20年、

重工業は20〜30年

となっている。

典型的な個人営業の印鑑・名刺屋さん

否能考虑把价格再提高一点？另外，因为是突然提出的要求，请给我半天时间和工厂联系，我必须先取得他们的同意。

田中：好的。突然提出这样的要求，很抱歉。我也向我的上司请示一下，看看能否把进货价再提高一些。

néng kǎolù bǎ jiàgé zài tígāo yì diǎn? Lìngwài, yīnwèi shì tūrán tíchū de yāoqiú, qǐng gěi wǒ bàn tiān shíjiān hé gōngchǎng liánxì, wǒ bìxū xiān qǔdé tāmen de tóngyì.

Hǎo de. Tūrán tíchū zhèyàng de yāoqiú, hěn bàoqiàn. Wǒ yě xiàng wǒ de shàngsī qǐngshì yí xià, kànkan néng fǒu bǎ jìnhuò jià zài tígāo yì xiē.

打合せ（业务会谈）

8　支払い方法（支付方式）

　契約が成立したら、それは履行されなければならない。つまり、輸出者は商品を船積みしなければならないし、輸入者は代金を支払わなければならない。
　貿易取引における代金決済には、普通送金による決済と荷為替による決済がある。これらについて、事前に綿密に打合せを行い、きちんとした形にしなければならない。特にL/C（信用状）受取の時、まずチェックしなければならないのは、
　(1) 取消不能信用状であるかどうか
　(2) 確認信用状であるかどうか
　(3) 信用状の内容が契約通りであるかどうか
の三つの点である。

方　：支払条件についてお話を伺えますか。

佐藤：こちらはD/P支払方式を考えておりますが。

方　：申し訳ありませんが、貴社の提案は承諾しかねます。私どもはあくまでL/C支払でお願いしたいのです。

佐藤：L/C開設には費用がかかりすぎて、輸入コストも上がりますから。

方　：私たちはやはりL/Cでの支払方法を要求しますが……。

佐藤：50万ドルのL/C開設には費用がかかります。私どもは小さい会社ですので、すぐには難しいところがあります。どうかD/P方式をご再考願えませんか。

方　：確かに難しい面があるようですね。ではこうしましょう。50％はL/Cで、あとの50％はD/Pということならいかがでしょうか。

佐藤：それなら助かります。どうもありがとうございます。取消不能のL/Cと船積み書類に基づく支払方法を取りましょう。

方　：分かりました。荷渡しの30日前に必ずL/Cが、私たちのところに届くようにお願いします。いろいろと手配するのに必要なものですから。

佐藤：戻ったらすぐに対処致します。

方　　：请谈一下付款条件好吗？
佐藤：我们希望用D/P付款方式。
方　　：很对不起，我们无法接受你们的提议。我们坚持用信用证支付。
佐藤：开信用证费用太大，会增加我方进口的成本。
方　　：我们还是要求用信用证支付方式。
佐藤：开货价为50万美元的信用证费用大，我们是小公司，一下子这样做恐怕有困难，你们能不能再考虑一下接受D/P方式。
方　　：看来你们确实有困难。这样吧。货价的百分之五十用信用证，其余的用D/P，您看怎么样？

Qǐng tán yí xià fùkuǎn tiáojiàn hǎo ma?
Wǒmen xīwàng yòng D/P fùkuǎn fāngshì.
Hěn duìbuqǐ, wǒmen wúfǎ jiēshòu nǐmen de tíyì. Wǒmen jiānchí yòng xìnyòngzhèng zhīfù.
Kāi xìnyòngzhèng fèiyòng tài dà, huì zēngjiā wǒ fāng jìnkǒu de chéngběn.
Wǒmen háishì yāoqiú yòng xìnyòngzhèng zhīfù fāngshì.
Kāi huòjià wèi wǔ shí wàn měiyuán de xìnyòngzhèng fèiyòng dà, wǒmen shì xiǎo gōngsī, yíxiàzi zhèyàng zuò kǒngpà yǒu kùnnan, nǐmen néng bu néng zài kǎolǜ yí xià jiēshòu D/P fāngshì.
Kànlái nǐmen quèshí yǒu kùnnan. Zhèyàng ba, huòjià de bǎifēn zhī wǔ shí yòng xìnyòngzhèng, qí yú de yòng D/P, nín kàn zěnmeyàng?

豆知識 13 一人っ子政策の産物—肥満児の急増

　中国では厳しい産児制限政策をとっている。特に都市部の場合、違反者に対して何年間かの給料に相当する罰金が課せられることになっている。一人っ子政策の結果、両親や祖父母に甘やかされ、知育偏重で育つ子供が年々増えている。またそれが原因で、都市部では肥満児が急増しているという。北京市の統計をみると、1997年には肥満児はすでに20％近くに及んでいる。つまり、5人に1人が肥満児だとか！　ウーロン茶の国でさえ、これだけの肥満児がいるというのだから、そのうちに中国でもダイエット商品がヒットすることだろう。

佐藤：	能这样的话，那太好了。谢谢您。关于信用证我们采用不可撤消的信用证，凭装运单据结汇付款。	Néng zhèyàng de huà, nà tài hǎo le. Xièxie nín. Guānyú xìnyòngzhèng wǒmen cǎiyòng bùkě chèxiāo de xìnyòngzhèng, píng zhuāngyùn dān jù jié huì fù kuǎn.
方：	好吧，希望你们一定要在装货期前三十天把信用证开到我方，这样便于我方作好必要的安排。	Hǎo ba, xīwàng nǐmen yídìng yào zài zhuānghuò qī qián sān shí tiān bǎ xìnyòngzhèng kāi dào wǒ fāng, zhèyàng biànyú wǒ fāng zuò hǎo bìyào de ānpái.
佐藤：	那我一回去就着手办理。	Nà wǒ yì huí qù jiù zhuóshǒu bànlǐ.

9 保険（保険）

保険契約を結ぶ時に必ず三つの保険条件の内のいずれかを選ばなければならない。三つとはつまり
FPA（単独海損不担保）
WA（単独海損担保）
A/R（全危険担保）
である。
保険契約は契約者の申し込みに対して保険会社が引き受けることを承諾したときに成立する。したがって船積み前に申込むのが原則である。

山下：辛さん、ちょっとお伺いしますが、今回のPC部品の取引がCIF（cost,insurance and freight）値段で成立したら、どのような保険を申込むおつもりですか。

辛　：W.P.A（with particular average 分損担保）だけに申し込みます。と申しますのは、われわれの価格にはなんらの特殊保険も入っておりませんので。

山下：破損保険を増担保していただけないでしょうか。
（注：増担保は専門用語である。リスクがさらに見込まれる場合、損害担保を増すことを指す。）

辛　：いいですよ。破損損害保険は特殊保険になりますので、ご要望であれば、増担保致してもよろしいですよ。

山下：費用はどちらの負担になりますか。

辛　：追加保険料は買い手の負担になります。

山下：そうですか。では、念のため、破損損害保険を担保してください。

辛　：分かりました。中国保険公司海洋運輸貨物条項に基づいて、送り状全額の××％でW.P.Aと破損損害保険を申込みます。それから、この次のPC部品ですが、先ほどのお話では、FOB（free on board　本船渡し）条件で取引したいそうですが、そうすれば、貴社御自身で保険をつけることになりますね。

山下：辛先生，我想问一下，我们这批PC零件，如果以CIF价格条件成交的话，你们负责投保哪些险别？

辛　：我们只负责投保水渍险，因为我们的价格没有把任何附加险计算在内。

山下：你们可以为我们加保破碎险吗？

辛　：可以。破碎险属于一般附加险，只要你们有要求，我们可以为你们加保破碎险。

山下：那这费用由哪方负担？

辛　：增加的保险费由买方负担。

山下：是吗？为了安全起见，请给这批货加保破碎险。

辛　：好的。按中国保险公司海洋运输货物条款，由我们

Xīn xiānsheng, wǒ xiǎng wèn yí xià, wǒmen zhè pī PC língjiàn, rúguǒ yǐ CIF jiàgé tiáojiàn chéngjiāo de huà, nǐmen fùzé tóu bǎo nǎ xiē xiǎn bié?

Wǒmen zhǐ fùzé tóu bǎo shuǐzìxiǎn, yīnwèi wǒmen de jiàgé méi yǒu bǎ rènhé fùjiā xiǎn jìsuàn zài nèi.

Nǐmen kěyǐ wèi wǒmen jiā bǎo pòsuìxiǎn ma?

Kěyǐ. Pòsuìxiǎn shǔyú yìbān fùjiā xiǎn, zhǐyào nǐmen yǒu yāoqiú, wǒmen kěyǐ wèi nǐmen jiā bǎo pòsuìxiǎn.

Nà zhè fèiyòng yóu nǎ fāng fùdān?

Zēngjiā de bǎoxiǎnfèi yóu mǎi fāng fùdān.

Shì ma? Wèile ānquán qǐ jiàn, qǐng gěi zhè pī huò jiā bǎo pòsuìxiǎn.

Hǎo de. Àn Zhōngguó bǎoxiǎn gōngsī hǎiyáng yùnshū huòwù tiáokuǎn, yóu wǒmen

保险（保险）

山下：そうです。もし、FOB取引条件が成立した場合、貨物が船に積込まれた時点で、お知らせ願います。保険をつけるためにも。

辛　：分かりました。そうしましょう。

保険（保险）

> 🌱 **豆知識14　中国で人民元を外貨に交換するには** ●────
>
> 　中国では、外資企業が国内で自由に人民元を外貨に交換することができないようになっている。
>
> 　外貨を必要とする場合、国家外貨管理局の認可を必要とする。対外的に外貨で支払う場合には、原則として輸出などによって自己調達することが求められている。
>
> 　この他、中国国内に設置されている外貨取引センターにおいて外貨の取引が行われており、ここで調達することも可能である。外貨取引センターは、上海、天津、広州、厦門（アモイ）、大連など12ヶ所にあり、オンラインで結ばれている。

	按发票兑全额的××%投保水渍险和破碎险。还有刚才您说下批PC零件准备以FOB条件成交，这样的话，那就由你们自行投保了。
山下：	是的。如果以FOB成交的话，货一装船，请立即通知我们，以便及时投保。
辛　：	可以。那么就这样吧。

àn fā piào duì quán é de bǎifēn zhī ×× tóu bǎo shuǐzìxiǎn hé pòsuìxiǎn. Háiyǒu gāngcái nín shuō xià pī PC língjiàn zhǔnbèi yǐ FOB tiáojiàn chéngjiāo, zhèyàng de huà, nà jiù yóu nǐmen zìxíng tóu bǎo le.

Shì de. Rúguǒ yǐ FOB chéngjiāo de huà, huò yì zhuāng chuán, qǐng lìjí tōngzhī wǒmen, yǐbiàn jíshí tóu bǎo.

Kěyǐ. Nàme jiù zhèyàng ba.

付録　ある抗議文（一份抗议信）

××市商工会議所
×××様

　当社は1992年12月3日付けで、中国国家経済貿易部の正式な許可を受けた輸出入の専門会社です。93年8月に中国食品土畜産輸出入協会に入会し、全国商工会のメンバーでもあります。当社は長年にわたり、ニンニク製品の買入れ、調達及び輸出を行ってまいりました。92年販売権を持つようになってから、ニンニクの販売数は年ごとに増え、主にインドネシア、韓国、シンガポール、台湾に輸出しております。またニンニクのスライス、粉などを主に日本に輸出しております。今まで品質上の問題でトラブルを起こしたことは一度もございません。当社が××株式会社へ提供しているニンニクのスライス製品は、当地のブランド品を使用しており、この品種は各国の商社からも高い評価を受けております。

　ところが、貴市の某社が、当社の原料を使っている××会社が、中国産の品質の悪いニンニクを健康食品の中に使用しているとのうわさを流していることを耳にしました。もしこれが事実だとすれば、明らかに事実無根で、悪質なでっちあげだと強く申し上げたいところであります。

　当社の製品はすべて中国検査当局の厳しい検査を受け、しかも貴国の税関のチェックを経て合格し、初めてお客様のもとに届いたものです。したがって、上記のような流言は、当社と取引先の××会社の業務関係を損ねるだけではなく、わが市と貴市との友好関係にも影響を及ぼすものと考えられます。弊社としましては、このような不愉快なことがないように、しかるべき対応策を取っていただきたいと願っているところです。

　今後の協力関係がさらに発展できるよう希望しております。

敬具

常熟市糧油食品輸出入会社

社長　周永華

> ここに挙げた例文は、実際に発生したトラブルから取り上げた文書の一つである。日本のある会社が、健康食品の原料として、中国常熟市よりニンニクを輸入しているが、同業ライバル会社の中傷により、一時名誉毀損を被った。そこで取引先の中国側から関係者宛ての抗議文が届き、その中傷は事実無根だということが明らかになり、こじれた問題がついに解決した件である。

××市商工会议所
×××先生：

　　本公司是1992年12月3日国家经贸部正式批准具有进出口自营权的专业公司，93年8月参加中国食品土畜产进出口商会，是全国商工会成员之一。本公司历年经营大蒜及制品的调拨、收购及出口。92年具有自营权以后，大蒜出口销售数量逐年增加，销售的地区有印尼、韩国、新加坡、台湾。蒜片、粒、粉主要出口日本。从历年出口的质量来说，从未发生过一起因质量问题而引起的经济纠纷。我公司对××株式会社出口的蒜片制品所用原料是我当地的名牌品蒜（常熟白蒜），该品种的大蒜得到了各国进口商的一致好评。

　　据说贵市的一家公司散布流言说：××株式会社进口的我公司的产品质量差，贵国的消费者不能接受，这显然是无依据，也无道理所在。我公司所出口的蒜片及其他产品是经过我国法定检验当局的检验并符合进口商的要求，且货物抵达贵国后还要经贵国检验当局通关合格后方能提货。所以这种说法不仅会影响到我市与××株式会社之间的友好合作及正常的贸易，还会影响我市与××市的友好关系。请贵所引起高度重视！不要因流言而影响两市之间的正常贸易。希望我们合作顺利，增进友谊。

　　此致
顺安

　　　　　　　　　　　　　　常熟市粮油食品进出口公司
　　　　　　　　　　　　　　　　　经理　周永华

日本語からひくビジネスレター常用表現

あ

あけまして、おめでとうございます　21、28

暖かいご配慮とご協力をいただき、心より感謝を申し上げます　92

い

以上ご検討よろしくお願いします　84
一日も早くお手元に届くよう　68
いまだ　68
いろいろとご不便をおかけ致しますが　32

お

お元気で。（夏の季節に使う結び）　22
　　　　（秋の季節に使う結び）　22
お手配のほどよろしくお願い申し上げます　60
お手間を取らせてしまい　80
お申込みにお応えできず、誠に申し訳ございません　23

か

下記の通り　60

き

貴社益々ご隆昌のこととお慶び申し上げます　72

く

加えて　50

け

敬具　22

こ

ご確認後ご返事くださいますようよろしくお願い致します　23
　ご確認の上　44
ご協力くださいますようお願い致します　23
　ご協力に対して重ねて感謝の意を申し上げます　23
ご健康をお祈りします　22、26
ご検討くださいますようお願い申し上げます　23
　ご検討のほどお願い申し上げます　42
ご査収願います　46
ご支援を賜りますよう、よろしくお願い致します　23
ご指定の　44、68
ご指導のほどよろしくお願い致します　22
ご多忙のところをご面談いただき、誠にありがとうございました　26
ご調査くださいますようお願い致します　23
この度　26
このような　86
ご配慮とご協力をいただき、心より感謝致します　23
ご返事をお待ちしております　22
ご返送いただきますようお願い申し上げ

ます 38
ご迷惑をおかけしまして、誠に申し訳ございません 24
ご諒承くださいますようお願い申し上げます 23
ご連絡くださいますようお願い致します 23

さ
再度確認願います 82
早急にお手配のほどよろしくお願い申し上げます 23

し
しかるべき 86
至急お手配のほどよろしくお願い致します 23
　至急お見積りをお送りくださいますようお願い申し上げます 23
　至急ご一報くださいますようお願い申し上げます 68
　至急ご調査の上 70
事情ご賢察の上、ご協力くださいますようお願い申し上げます 54
従来通りとさせていただきます 42
受領書をご返送くださいますよう、よろしくお願い致します 22
　受領書に押印してご返送申し上げます 36
商売繁昌をお祈りします 22、28
新春のお祝いを申し上げます 80

す
末長くご支援、ご指導のほど 96
すっかりご無沙汰しており、申し訳あり

ません 28

せ
切に希望しております 92
先般お問い合わせくださった 42
　先般ご送付いただきました 64

そ
即刻調査致しますので 68
その後如何でしょうか 21

た
確かに受領致しまして 46
ただ今 40

ち
調査、善処の上、しかるべきご回答をくださるようお願い致します 23

つ
追記のほど 84
つきましては 34
謹んで~お願い申し上げます 22

て
できるだけお早めにご用命くださいますようお願い申し上げます 22
　できるだけお早めに 42

と
どうか引続きご用命賜りますようお願い申し上げます 38
当社の製品を引続きお引き立てくださいますよう、お願い申し上げます 23
　当社製品に格別なご愛顧を賜り、厚く

お礼を申し上げます 23
どうぞ〜お願い申し上げます 22
時のたつのはほんとうに早いものです 28
突然お手紙を差し上げ、申し訳ありません 26
　突然ご逝去されましたことをお聞きして 98
取急ぎ、ご通知かたがたお願いまで 34
　取急ぎご用件まで 22

な

なお 34
なにかとご不便をおかけする 54
並びに 92
何度も 80

に

〜に対してお詫びを申し上げます 22
　〜に対して感謝を申し上げます 22
入荷の予定についてお知らせいただければ幸いです 23

の

〜のことを期待しております 22
　〜のことを希望しております 22

は

拝啓 21
ハッピーニューイヤー 21
万事うまく運びますようお祈り申し上げます 80

ひ

引続きお引き立てくださいますよう 40
引続きご協力くださいますようお願い申し上げます 23
日頃より格別のご愛顧を頂き 52

ふ

深い悲しみを覚えております 98
不良品が発生したことを深くお詫び申し上げます 24

へ

平素は格別のご高配を賜り 48
　平素は当社製品に格別なご愛顧を賜り、厚く御礼申し上げます 40

ほ

保留 84

ま

誠に申し訳ありませんが、どうかご諒承くださいますようお願い申し上げます 40
またお手数をおかけします 80
まずは、お知らせかたがたお願いまで 48
まずは、書状をもってお知らせかたがたお願い申し上げます 50

め

メリークリスマス 21

よ

用件のみお知らせかたがた 22
　用件のみお知らせまで 30
　用件のみご連絡まで 22
予想を越える好評で 42

わ

忘れ難きものであり　96

付録：日本語からひくビジネスレター常用表現

日本語からひくビジネス会話常用表現

い

いかがでしょうか　118
一度お会いしたいのですが　102
一緒に夕飯でも食べましょう　120
一泊いくらですか　118

お

お会いできて嬉しいです　130
　お会いできて、たいへん嬉しく思います　134
おいくらです？　114
おいしいです　134
お忙しいところお越しいただきまして、ありがとうございます　138
　お忙しいところ申し訳ございません　142
お元気ですか　126
お口に合うかもしれません　134
お邪魔させていただきます　144
お話をお伺いしましょう　158
お久しぶりです　102
お返事をお待ちします　154
お休みのところお邪魔してたいへん恐縮です　122

か

買い手の負担になります　166
必ずお伺い致します　126

き

気にしないでください　122

く

具体的にお話しましょう　132

け

元気です　126

こ

航空券を予約したいのですが　114
こうしましょう　162
ご協力のおかげで　128
ご健康をお祈りして乾杯致しましょう　134
ご紹介いただけませんか　132
　ご紹介しましょう　130
故障中でしょうか　112
ご存知だと思います　138
ご都合はいかがでしょう　102
この前お会いしてからだいぶたちましたね　128
ご迷惑をおかけして、申し訳ございません　112
今後、このようなことを二度と起こさないことを保証致します　156
こんにちは　102

さ

再度確認しますが　146
サインをお願いできますか　150

し

失礼をお許しください　142

せ

全般的に言えば　150

そ

そうしましょう　102
そうですか　128
それでお邪魔することに致しました　122
それはよかったです　126

た

大丈夫ですよ　144
たいへん興味を持っております　132
単刀直入に言わせていただければ　140

ち

近いうちにお時間はおありでしょうか　144
調査の時間を少しいただけませんか　154
ちょっと検討させてください　150

つ

都合が悪いですが　102

て

伝言をお願いできますか　104、106

と

どういう業務にたずさわっているのですか　142
どうぞご遠慮なさらずに召し上がってください　134
どうぞご覧ください　150
　どうぞご覧になってください　138
どうぞもう一度詳しくご覧ください　150
どうぞよろしくお願いします　124
突然の要求で申し訳ありません　158

な

長い目で物事を考えよう　140
なかなか手ごわいですね　140
何時頃お戻りですか　104
何度かFAXを送っているのですが、なかなか送れません　112

に

日本語の契約書　150

の

のちほどかけ直します　104

は

はい、わかりました　144
初めまして　124
初耳です　158

ふ

FAX番号を教えていただけますか　110

へ

部屋を予約したいのですが、フロントをお願いします　118

ほ

他に何かご意見はありますか　150
ほんとうにありがとうございます　122

ま

またお目にかかれてたいへん嬉しいです 130

め

メーカー側の希望により 158

も

もう一杯いかがですか 134
もう少し詳しく教えてください 146
勿論です 132

戻ったらすぐに対処致します 162
戻られましたら、至急ご連絡くださるよう、お伝えください 104

ゆ

ゆっくりとお話しましょう 120

よ

用意してございます 150
ようこそ無錫へおいでくださいました 124

中国主要都市の市外局番・郵便番号

　中国の郵便番号"邮政编码"は6桁で、下図のような郵政区分になっている。同じ市であっても、最後の2桁は郵便を取り扱う管轄局によって異なる場合がある。下記郵便番号は《最新实用中国地图册》(中国地図出版社，1998年)に準拠したが、最後の2桁はすべて"00"としてあるので注意が必要である。

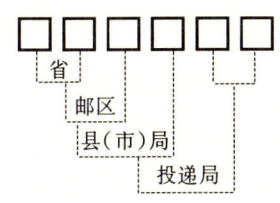

```
□□□□□□
│  │  │  │
省  │  │  │
   邮区 │  │
      县(市)局
          投递局
```

都市名	市外局番	郵便番号	略称
北京市			京
北　京	010	100000	
上海市			沪
上　海	021	200000	
天津市			津
天　津	022	300000	
重庆市			渝
重　庆	023	630000	
河北省			冀
石家庄	0311	050000	
保　定	0312	071000	
唐　山	0315	063000	
张家口	0313	075000	
秦皇岛	0335	066000	
邯　郸	0310	056000	

都市名	市外局番	郵便番号	略称
邢　台	0319	054000	
承　德	0314	067000	
避暑山庄	0314	067000	
山西省			晋
太　原	0351	030000	
大　同	0352	037000	
长　治	0355	046000	
内蒙古自治区			内蒙古
呼和浩特	0471	010000	
包　头	0472	014000	
集　宁	0474	012000	
锡林浩特	0479	026000	
辽宁省			辽
沈　阳	024	110000	
大　连	0411	116000	
鞍　山	0412	114000	

都市名	市外局番	郵便番号	略称	都市名	市外局番	郵便番号	略称
锦州	0416	121000		湖州	0572	313000	
抚顺	0413	113000		绍兴	0575	312000	
营口	0417	115000		宁波	0574	315000	
丹东	0415	118000		金华	0579	321000	
				台州	0576	317700	
吉林省			吉	温州	0577	325000	
长春	0431	130000					
吉林	0432	132000		安徽省			皖
延吉	0433	133000		合肥	0551	230000	
				蚌埠	0552	233000	
黑龙江省			黑	芜湖	0553	241000	
哈尔滨	0451	150000		淮南	0554	232000	
齐齐哈尔	0452	161000					
牡丹江	0453	157000		福建省			闽
大庆	0459	163000		福州	0591	350000	
				厦门	0592	361000	
江苏省			苏	三明	0598	365000	
南京	025	210000		泉州	0595	362000	
镇江	0511	212000		莆田	0594	351100	
常州	0519	213000		龙岩	0597	364000	
无锡	0510	214000		漳州	0596	363000	
宜兴	05218	214200		南平	0599	353000	
苏州	0512	215000		邵武	05096	354000	
徐州	0516	221000					
扬州	0514	225000		江西省			赣
南通	0513	226000		南昌	0791	330000	
连云港	0518	222000		九江	0792	332000	
				景德镇	0798	333000	
浙江省			浙	赣州	0797	341000	
杭州	0571	310000		井冈山	07060	343600	
嘉兴	0573	314000					

都市名	市外局番	郵便番号	略称
山東省			魯
済南	0531	250000	
青島	0532	266000	
煙台	0535	264000	
泰安	0538	271000	
淄博	0533	255000	
徳州	0534	253000	
済寧	0537	272100	
曲阜	05473	273100	
河南省			豫
鄭州	0371	450000	
開封	0378	475000	
登封	03869	452400	
洛陽	0379	471000	
平頂山	0375	467000	
新郷	0373	453000	
安陽	0372	455000	
許昌	0374	461000	
信陽	0376	464000	
南陽	0377	473000	
焦作	0391	454100	
湖北省			鄂
武漢	027	430000	
襄樊	0710	441000	
十堰	0719	442000	
宜昌	0717	443000	
荊州	0716	434000	
黄石	0714	435000	
荊門	07267	434500	

都市名	市外局番	郵便番号	略称
鄂州	0711	436000	
随州	07202	441300	
咸寧	0715	437000	
湖南省			湘
長沙	0731	410000	
韶山	0732	411300	
岳陽	0730	414000	
株洲	0733	412000	
湘潭	0732	411100	
衡陽	0734	421200	
邵陽	0739	422000	
吉首	07481	416000	
郴州	0735	423000	
広東省			粤
広州	020	510000	
深圳	0755	518000	
佛山	0757	528000	
湛江	0759	524000	
珠海	0756	519000	
肇慶	0758	526000	
中山	07654	528400	
汕頭	0754	515000	
茂名	07683	525000	
広西壮族自治区			桂
南寧	0771	530000	
梧州	0774	543000	
北海	0779	536000	
桂林	0773	541000	

付録：中国主要都市の市外局番・郵便番号

●付録● 181

都市名	市外局番	郵便番号	略称
柳 州	0772	545000	

海南省			瓊
海 口	0898	570000	
通 什	08001	572200	
三 亜	0899	572000	

四川省			川・蜀
成 都	028	610000	
自 貢	0813	643000	
宜 賓	0831	644000	
楽 山	0833	614000	
内 江	0832	641000	
万 県	0819	634000	
西 昌	0834	615000	

貴州省			貴・黔
貴 陽	0851	550000	
遵 義	0852	563000	
都 匀	0854	558000	
安 順	0853	561000	

雲南省			雲・滇
昆 明	0871	650000	
大 理	0872	671000	
個 旧	0873	661400	

西蔵自治区			蔵
拉 薩	0891	850000	
日喀則	0892	857000	

都市名	市外局番	郵便番号	略称

陝西省			陝・秦
西 安	029	710000	
宝 鶏	0917	721000	
咸 陽	0910	712000	
延 安	0911	716000	

甘粛省			甘・隴
蘭 州	0931	730000	
天 水	0938	741000	
玉 門	09471	735200	

青海省			青
西 寧	0971	810000	
格爾木	0979	816000	

寧夏回族自治区			寧
銀 川	0951	750000	
石嘴山	0952	753000	
呉 忠	0953	751100	
青銅峡	0953	751600	

新疆維吾爾自治区			新
烏魯木斉	0991	830000	
伊 寧	0999	835000	
石河子	0993	832000	
喀 什	0998	844000	
克拉瑪依	0990	834000	

中国関連ホームページ

JIS（日本語）　日本語で使用。Shift-JIS とも。約 13000 字（Windows98）。
GB（簡体字中国語）　国标码（Guóbiāomǎ）。主に中国大陸で使用。6763 字。
BIG5（繁体字中国語）　台湾・香港や古典文献表示に使用。13060 字。
欧文（英語ローマ字）256 文字。
Unicode（汎ヨーロッパ）　世界の文字を統合。20902 字。
GIF（グラフィック）　画像による文字表記。字数制限なし。

閲覧にはブラウザに Shockwave の追加ソフト（プラグイン）を必要なものがある。Shockwave プラグインは Macromedia 社のホームページ（http://www.macromedia.com/）や各種雑誌付録の CD-ROM で入手可能。

A【日本語漢字で読める関連サイト】

*「チャイナページ」http://china.ifnet.or.jp/（JIS）
民間企業の中国経済情報HP。人民元レート、最新日系企業進出状況、重要法令、中国経済データ、中国行政組織など手軽に入手できる。中国対外貿易経済部との合作「経済の眼睛」(部分）はビジネス情報誌。

*「viewguide」（JIS）
http://www2s.biglobe.ne.jp/~wuniu/sat/index.htm
sky perfecTV・CTN・CCTV など日本で視聴可能な中国語衛星テレビ情報を網羅。アンテナ設置からチューナー購入まで懇切に解説。番組内容のサイトも豊富。

B【英語・日本語漢字で読める中国語情報サイト】

*「中国論壇（日本華網）」（JIS・GB・BIG5・欧文）
http://china.or.jp
リンク先豊富。ニュースのスタートページとして最適。

*「日中情報ネットニュース」
（JIS）http://www.ask.or.jp/~jcin/index.html
在日中国留学生のための奨学金・ビザ・出国手続情報提供HPで、ニュース・中国文学電子文庫が日本語JISで読める。日中間発着航空便時刻・ホテル・中国投資・就職関連情報等、日本人にも役立つリンク満載。

*「新華僑」（GB）http://www.soyi.co.jp/
日本出版の中国語関連情報誌の電子版（部分）。在日著名華人の論壇。

C【要中国語フォントの部】
* 「人民日報」（GB・BIG5・JIS）http://www.peopledaily.co.jp/
中国最大手の日刊新聞紙の電子版。日本のミラーサイトなのでアクセス時間を短縮できる。情報量膨大。更新回数頻繁。トップページから同新聞社による「人民日報(海外版)」、漫画新聞「諷刺与幽黙(風刺とユーモア)」及び他の中国大手新聞へジャンプできる。

* 「聯合早報」（BIG5・GB）
http://www.asial.com.sg/cgi-bin/cweb/g2b.pl
シンガポール中文紙。大陸・台湾紙の補完に必須。芸能版はアジアの人気アイドルホームページにリンク。

* 「華夏文摘」（GB・GIF）http://www.cnd.org/GB/HXWZ/
アメリカで発行する中国語電子メディア週刊誌。中国民主化の動向はここから。

* 「中文導報」（BIG5・GIF）http://www.chubun.com/
日本出版の中国語情報誌。情報量は豊富。

* 「China Pages」http://www.chinapages.com/
中国文化なんでも紹介コーナー。ハデハデの京劇ページが楽しい。北京市内の劇場に関する情報も含まれる。

* 「China Window」（GB・欧文）
http://china-window.com/window.htm
中国各省地理・文化紹介のホームページリンク集。風景画像と旅情報が豊富。

* 「CCTV HomePage」（BIG5・GB）
http://www.cctv.com/news/newsline/cnewsframe.htm
中国国営TV局のホームページ。番組表や人気俳優のドラマ解説が載る。

D【中国語HP検索エンジン】
* YAHOO! Chinese（雅虎中文）
http://chinese.yahoo.com/（BIG5）
http://gbchinese.yahoo.com/（GB）
YAHOO!の中国版。BIG5・GBサイトの検索に使う。検索HPに応じてWnn BIG5・cWnn Gbを起動し、ピンイン変換で繁体字・簡体字を入力して検索する。

東　錦華
1954年上海生まれ。上海外国語大学日本語学部卒業。大正大学東洋哲学修士課程修了。現タイム・インタコネクト・ジャパン株式会社代表取締役社長を務める。

李　雲
1958年上海生まれ。上海外国語大学大学院修士課程修了。東京大学地域文化研究専攻博士課程修了。現在、早稲田大学等の講師。

小社の書籍は、ホームページでも紹介、販売しております。
どうぞ、ご覧ください。
http://www.hakuteisha.co.jp

ビジネス中国語　文書と会話

2000年1月10日　初版発行
2004年7月15日　4刷発行

著　者　　東　錦華・李　雲
発行者　　佐藤康夫
発行所　　白　帝　社
　　　　　〒171-0014　東京都豊島区池袋2-65-1
　　　　　電話　03-3986-3271　FAX　03-3986-3272

組版　柳葉コーポレーション　　印刷　平河工業社　　製本　蒼洋社

Printed in Japan〈検印省略〉　　　　ISBN4-89174-399-9
＊定価は表紙に表示してあります。